【Act】MA0053

# 創意思考金字塔

How to get to great ideas: a system for smart, extraordinary thinking

作　　　者❖戴夫・柏斯 Dave Birss
譯　　　者❖洪世民
封 面 設 計❖張　巖
排　　　版❖張彩梅
總　編　輯❖郭寶秀
特 約 編 輯❖林俶萍

發　行　人❖凃玉雲
出　　　版❖馬可孛羅文化
10483台北市中山區民生東路二段141號5樓
電話：(886)2-25007696
發　　　行❖英屬蓋曼群島商家庭傳媒股份有限公司城邦分公司
10483台北市中山區民生東路二段141號11樓
客服服務專線：(886)2-25007718；25007719
24小時傳真專線：(886)2-25001990；25001991
服務時間：週一至週五9:00～12:00；13:00～17:00
劃撥帳號：19863813　戶名：書虫股份有限公司
讀者服務信箱：service@readingclub.com.tw
香港發行所❖城邦（香港）出版集團有限公司
香港灣仔駱克道193號東超商業中心1樓
電話：(852)25086231　傳真：(852)25789337
E-mail：hkcite@biznetvigator.com
馬新發行所❖城邦（馬新）出版集團【Cite(M) Sdn. Bhd. (458372U)】
41-3, Jalan Radin Anum, Bandar Baru Sri Petaling,
57000 Kuala Lumpur, Malaysia.
電話：(603)90578822　傳真：(603)90576622
E-mail：services@cite.com.my
輸 出 印 刷❖中原造像有限公司
一 版 一 刷❖2022年6月
定　　　價❖380元

ISBN：978-626-7156-02-5（平裝）
ISBN：9786267156049（EPUB）

城邦讀書花園
www.cite.com.tw



國家圖書館出版品預行編目（CIP）資料

創意思考金字塔／戴夫・柏斯（Dave Birss）作；洪世民譯. -- 一版. -- 臺北市：馬可孛羅文化出版：英屬蓋曼群島商家庭傳媒股份有限公司城邦分公司發行，2022.06
面；　公分. --（Act；MA0053）
譯自：How to get to great ideas: a system for smart, extraordinary thinking
ISBN 978-626-7156-02-5（平裝）

1. CST: 創意　2. CST: 創造性思考　3. CST: 成功法

176.4　　111007073

的話、不壓抑我的好奇心、不叫我去找「正當」的工作。

最後，我想要感謝我了不起的家人。內人Valerie是我遇過最有耐心、最包容的人。我為了按時交稿，犧牲無數週末，她一次也沒抱怨。大女兒Iona時常用她的創意之旅賦予我靈感，小女兒Simone則用她說不完的故事和狂野的想像力讓我驚訝不已。謝謝妳們，我特別的女士小姐！

我可能遺忘了一些真的很重要的人士。如果你覺得你的大名該列在這裡卻遭遺漏，容我致上最深的歉意。若是如此，請將大名整齊地填入下面劃線處，拍照寄給我。如果你讀的是電子書，請不用客氣，寄封粗魯的email給我，我會立刻回信，致上應有的歉意。

謹向＿＿＿＿＿＿＿致上深深的感激與謙卑的歉意。

欲尋工具與資源，或欲了解演講、研討會和諮詢事宜，請逕上：

Davebirss.com

告。他比誰都了解這段旅程。

深深感謝Gordon Young的友誼、忠告和鼓勵。也感謝The Drum團隊的其他成員。

我欠了廣告業的朋友許多恩情，這麼多年來他們一再給我指點、塑造我的心智、給我鼓勵，感謝Ian Thomas、Simon White、Marc Lewis、Piggy Lines、Patrick Collister、Steve Henry、Dave Buonaguidi、Pedro Garcia、Reuben Webb、Rory Sutherland、Andy Archer、Tom Richards和其他許許多多人。

「Hvala vam」（克羅埃西亞文的「感謝」）Vladimir Vulic、Darko Buldioski、Relja Dereta、Aleksandar Petkovic、Ivan Minic、Robert Petkovic和其他巴爾幹兄弟。

非常感謝才高八斗的Neil Mullarkey、Mark Evans、Ben Wheatley、Kaiya Stone、Heimo Hammer、Balder Onarheim、Tony Patrick，謝謝他們跟我聊天、大方地分享自己的想法和故事。

在此要向Edward de Bono致敬，他率先在商業界倡導創意思考。也要向Sir Ken Robinson表示敬意，他引領人們思考教育應當扮演什麼樣的角色，來滋養而非掐熄孩子們的創意火花。

深深感謝我有一對了不起的爸媽，他們從不說讓我洩氣

# 大感謝

你可能已經猜到我不是那種會搶占所有功勞的人。或許這是因為我覺得深深虧欠這一路上許多幫助過我、鼓勵過我、指導過我、與我辯論及為我敞開大門的人。

首先，我想要感謝優秀的Holly Bennion、Louise Richardson、Jamie Hodder-Williams，以及Nicholas Brealey Publishing和Hodder & Stoughton的出色團隊。與你們合作非常愉快，期待未來能與你們一起填滿更多書架的空間。

要給我傑出的經理人Miriam Staley感激的擁抱，謝謝她讓這本書成真。也要感謝由Chris Latterell和Jan Stringer組成的團隊，幫助我讓我的人生更愜意、更美好。

我要向超級聰明的Aran Rees脫帽致意，謝謝他指引我思考趨異性及與眾不同的價值。

我要謙遜地向老友Chris Penny一鞠躬，感謝他幫我的思考方法想出「RIGHT」這個有助記憶的名稱。

與我合寫《圖像優勢》一書、不可思議的余松佳，值得我致上一萬次感謝，謝謝他的支持、友情、委婉又誠實的忠以，一有空閒，就開始鍛鍊生點子的技能吧。因為，不同於斑鳩琴手，若你是持續貢獻絕妙點子的那個人，人們是真心想聽你說話。

## 發展心智

請記得，常規會隨時間自然收縮。如果你想不斷發展心智，就要反抗那樣的收縮。養成拿新資訊餵養心智、充實新的經驗、質疑周遭一切的習慣。希望我在人世的最後時日，能擁有這輩子最好的心智，不然就太可怕了。

## 接受改變

希望我已經說服你嘗試RIGHT思考程序。那一定會帶給你比一般腦力激盪更好的成果。請上davebirss.com，讓我的線上資源幫助你開始。如果你已經準備好要徹底改變公司獲取點子的途徑，我很樂意跟你聊聊。

## 開始動腦

如果你打算闔上這本書，塞進書架上的那個細縫，請等一下。本書是設計來住在你桌上、伸出上層抽屜或逗留在浴室書報籃裡的。你永遠需要點子，而這本書應隨時擺在手邊，助你想出更好的點子。

每個斑鳩琴手都會告訴你，不練習是不會進步的。所

## 創意思考讓我們心滿意足

人之所以為人，正因為我們會創意思考。研究顯示，不只快樂能讓我們更善於想出點子；想出點子也會讓我們更快樂。

那些填滿我們歷史書上的人，很多都是靠著點子名留青史。不可否認，那些不見得都是好點子，但能讓你在世界留下印記的，是點子。

別被「你沒有創意」的謊話騙了。創意思考是你與生俱來的權利。運用創意思考，讓這個世界比你誕生之前更好一些吧。改進小東西也可以，徹底改革大東西也可以。

## 擁抱自己的不同

抗拒順從的衝動。那只會去除讓你特別的一切。相反地，請頌揚讓你與眾不同的特質。正是因為你與眾不同，你的思考方式才會和別人不一樣。

但別當個自命不凡的討厭鬼。光靠不同不足以成事。唯有用來生出點子，你的不同才會變得珍貴，無論是在藝術領域、商業構想，或其他在你腦袋浮現的想法。因此，找一件能驅動你的事情，開工吧。

企業。點子是事業成功的貨幣，而能提供點子的人，對組織彌足珍貴。

你自己的工作生涯或許也需要有創意的策略。既然多數人一生可能轉換好幾次跑道，適應能力至關重要。若可以帶著一個產業的技能和知識，應用到另一個產業，你的價值自是不同凡響。那是一種創意的技能。能夠取用來自公司常規外的經驗與知識，也會讓你價值連城。

## 管理需要調適

若你擔任的是領導職務，就有責任協助改變你的組織，讓它更歡迎點子。否則，那些小巧玲瓏、企圖偷走你的午餐的新創公司，最終會把你的晚餐、你的午前茶點和午後點心一併偷個精光。

你可以從欣然接受人們的差異，別強迫他們順從限制性的規範著手。那對你的員工比較好，長期而言對組織也比較好。

你可以採用比傳統腦力激盪更好的方式來解決問題。我最近為RIGHT思考研發了一套訓練課程，或許幫得上忙。

就像演化一樣，適應力最強的組織，就是能存活下來的組織。

染、戰爭、貧窮、饑荒和心理健康問題蔓延的爛點子。唯一能與爛點子相抗衡的東西，是好點子。而那正是你要發揮作用的地方。

你希望世界變得更好一點，甚或你有想要處理的特定目標。如果沒有，翻翻今天的報紙，你一定會看到想要解決的問題。你或許想先從讓自己的世界變得更好一點著手。環顧四周，多得是可以改善的事物，從廚房的設計到你的人際關係皆然。不妨養成隨時隨地做些改進的習慣。

若你希望想出能扭轉乾坤的點子，但願本書已為你提供需要知道的一切。帶著你的問題，通過RIGHT思考程序。在每個階段尋找較不起眼的事物，那就是你獲取寶貴新點子的方式。

如果你真的想出卓越的點子，不要據為己有。因為真正有價值的點子是實現的點子。跟朋友和你尊敬的人分享吧。他們也許能讓它變得更好，或幫助你實現。有更多心智齊力解決世界的問題，我們共同的未來會變得更好。

## 員工需要更多思考

我們的職場經常需要點子。成名已久的大企業想方設法智取靈活的新創公司。新創公司想方設法智取成名已久的大

# 序

對啦，我知道，序一般擺在前面。但這不是這本書的序，而是你的人生在讀完這本書後的序曲。因為要是這本書沒有讓你產生絲毫改變，那麼你我之中一定有一個人，某個地方做錯了。

希望你已清楚地更了解創意是什麼、你的大腦如何生出新的點子、組織可以如何靠新鮮的思想蓬勃發展。

希望你也明白產生點子的重要性，明白只要願意付出心力，你的大腦有能力做卓越的創意思考。因為絕妙點子不單是左思右想半小時的成果，也是你在生命中所做一切的結晶。你愈是努力餵養、鍛鍊心智，就愈有能力想出撼動世界的點子。

而此時此刻，我們遠比以往需要撼動世界的點子。

## 世界需要更好的點子

世界會落到今天這般田地是因為點子。爛點子。導致污

# 別讓無效努力害了你

「請停止無效的低水準重複，
別讓你只是看起來很努力！」

瓊華——著

# 目錄

CHAPTER
03

# 在吃苦的年紀，遇見拼命努力的自己

# 目錄

## CHAPTER 04

## 贏在責任心，勝在執行力



## CHAPTER 05

## 累死你的不是工作，是工作方法

CHAPTER 06

# 你足夠優秀，世界才會對你公平以待

# 自序

感謝所有翻開這本書的朋友，正是因爲你們，我才有信心在寫作這條路上繼續奮力前行。

有人會問：「這本書會爲我帶來什麼收穫？」

我會說——

對於即將步入職場的朋友，它會讓你知道，你面對的將會是什麼樣的環境；

對於已經在職場的朋友，它會像一盞明燈，在你迷茫得不知如何繼續走下去的時候，爲你照亮前方的路；

對於自認爲已經拼盡了全力，卻還是達不到預期效果的朋友，它會讓你明白，你的潛力遠不止於此。

爲了寫這本書，我將自己近十年的職場經歷回憶了一遍。我驚訝於自己的記憶竟是那麼清晰，很多本該遺忘的細節瞬間都被喚了回來。

看完這本書，你也可以在自己身上發現這種驚喜。

不論你是學歷不夠高，還是能力受到上司的質疑，抑或是時常感到懷才不遇，等你細想之後就會發現，雖然我們無法改變客觀條件，但可以透過增強主觀能動性來獲得意外的驚喜。

你自以爲的極限，不過是其中一個很小的坎，只要你有勇氣跨過去，迎接你的將是「更上一層樓」。永遠不要給自己設限，也永遠不要妄自菲薄，他人對你的看法都不重要——重要的是，你自己如何定位自己。

願每一位職場人都能收獲一份好成績。

CHAPTER

# 01

# 發現你的職業優勢

# 初入職場就想追求高薪？

曉秋在臉書上跟我抱怨，說她的薪水還不如街上賣紅豆餅大哥的收入。她還跟我算了一筆那個大哥的「帳」：

根據晚上的客流量，平均一個小時就有十個顧客，一天出攤四次，以每次三小時來算，那麼，每天就有一百二十個人來買他的紅豆餅。一個紅豆餅是十五元，一天的收入是一千八百元，一個月下來，他的收入就超過五萬元。

說罷，曉秋拍了她這個月的薪資單傳給我，實發那欄是用紅色線條標注的，我看數字是兩萬多元。

曉秋說：「妳看看，我讀了那麼多年的書，拼死拼活地考上大學，過了英檢高級——我英語說得比他好，電腦懂得比他多，可爲啥他月收入超過五萬，我就只能拿到他的一半不到呢？早知道這樣，我還不如辭職去賣紅豆餅呢。」

我便問了她三句話：

❶ 你能每天五點就起床準備食材嗎？

❷ 你能忍受寒冬臘月和酷暑炎夏在室外站十二小時嗎？

❸ 你確定你做的紅豆餅一定就比他做的好吃嗎？

曉秋在那邊停頓了一會兒，回覆了兩個字：不能。

事實上，我可以理解曉秋的心情，畢竟我也是從那個階段走過來的。大學畢業後剛開始找工作時，我也是職場菜鳥，履歷表上的工作一欄，素淨得好像一位未施粉黛的醜女孩。

那時，我們沒資格和公司談報酬，甲方給我們多少，我們就拿多少——即便少得只夠支付房租，也必須接受。

套用經濟學上的理論，如今的職場可是買家市場。作爲賣家，我們只能用心挖掘和經營自身的潛質，不斷提高市場競爭力，盡心盡力地服務好買家，進而從新賣家一步步攀升爲皇冠賣家。

現在的曉秋就是新賣家。剛找到工作的時候，她也是欣喜萬分；領到第一個月的薪水時，她還很興奮地請我吃了一頓。當時因爲盛情難卻，我於是狠狠地削了她一頓麻辣火鍋。

曉秋在臉書上跟我抱怨，是在她轉爲正職後的第三個月。職場的新鮮感在悄然退卻，對她而言，現在的工作枯燥、乏味，沒有技術可言，每天在椅子上坐八到十小時，搞得她看到那張椅子就怕。她說，自己最期待的就是年節假日和每個月發薪水的那一天，但每一次都會讓她失望。

她的失望，源於她認爲自己的付出和收穫不成正比。在她的理論體系中，即便是初入職場的新人，也該有屬於新人的體面——這體現在薪水上。而且，高薪有助於提高員工的積極性，激發員工的潛能，這對提升公司效益來說也很不錯，正所謂：高投入才能有高回報。

然而，她沒想到的是，作爲一個業務，水準還談不上有多高，沒有業績的新人，公司怎麼看到你身上的潛能，以及你能爲公司創造的未來效益呢？

曉秋開始在公司我行我素起來，不再義務加班，手上的工作也是能應付就應付，三分之一的時間則用來和臉書上的同學大聊夢想和未來。正巧，此時有個同學跳槽了，薪水比從前翻了一倍——大家私底下一比，原本還處於中間的曉秋，眼看就要墊底了。

曉秋的原則向來都是不求最好，也不能做最差的。所以，她著急了，像是考試沒考好，從原本的中等生降到了末段班。心情上的落差讓曉秋難受了好一陣子，那段時間她做什麼都沒心情，覺得自己做得再多也無法改變薪資低的事實。她又想了想自己在公司的處境，加薪是不可能了，升遷就更不可能了。

委屈的曉秋開始學著同學大量撒網，以期找到更高薪的「好工作」。來年春節過後，有一家同類型的公司通知她去面試。

這家公司在業內頗有名氣，給的薪水自然比原來的那家高。曉秋面試結束後回來，就信心百倍地遞出了辭職信，每天驕傲得好似鳳凰一般。

沒想到，她等了三天，等來的不是錄取通知，而是一句話：「很抱歉通知您，您沒能通過我們的面試。」

曉秋當時就傻住了。後來，她仔細詢問了沒能通過面試的原因，答案是：她在業務方面還不夠熟練，很多細節問題都答錯了，而他們需要的是能夠快速上手、不需要旁人再來教的員工。

被拒絕之後，曉秋趕忙回到公司，想要拿回辭職信。沒想到，人事主管早就知道她在外面求職的事，並將這件事告訴了她的直屬上司和部門主管。部門主管最看不慣朝秦暮楚的人，而且，他對曉秋這一年的表現並不是特別滿意。

經直屬上司回報，曉秋做的資料表經常會出現大大小小的錯誤，要麼是公式連結錯誤，要麼是爲了方便，直接套用之前的範本，結果套用之後忘了改標題和日期，甚至連裡面的個別資料都忘了改。

面對這樣的員工，哪個上司想留呢？曉秋的結局可想而知。

有人說：「剛畢業的五年裡沒資格談薪水，這五年裡你需要看重的是如何提升自我價值。」遺憾的是，很多初入職場的年輕人都無法意識到這一點，在這個一切都追求速度的時代，我們都想快速成爲令人羨慕的佼佼者。

不過，也有例外——瀟瀟就是我認識的一個例外。

瀟瀟是我的同學，讀書時睡在我的上鋪，我們的關係好到可以睡在同一張床上。

那時，我們倆是班上每年都能拿獎學金的人；我們還選了同一門選修課，成績相當。我們讀書時的軌跡如此相同，讓我曾一度懷疑她是不是我的影子。然而畢業之後，我和瀟瀟走上了截然相反的道路。

原本我們都打算要考研究所，沒想到考研究所的口號喊了三年，到報名的時候，我們不約而同地放了對方鴿子。原因很簡單：我們覺得讀了二十多年的書，是時候出去闖一闖，鍛鍊一下自己的本事了，如果有需要，再去讀研究所也不遲。

於是，畢業後我在親戚的推薦下進入一間外商公司做市場調查工作，瀟瀟則進了一間私人企業。我的薪水在班上同學當中處於中上水準，一向很優秀的瀟瀟卻墊了底。但是，那時瀟瀟勝在心態正確，有一次聚會後她曾對我放話：「我現在不跟妳比，我跟妳比五年之後。」

瀟瀟說得信心十足，我當下就接了這個「五年賭約」。之後，我和她各奔東西，爲未來去打拼了。

作爲一個菜鳥，那時我什麼都不會，雖然考過了電腦檢定，但居然無法做出令上司滿意的ＰＰＴ。有段時間我很挫敗，感覺從前的驕傲一下子就沒了，別人看我的眼神也從仰視轉爲俯視。

當我把自己的眞實感受講給在另一個城市工作的瀟瀟聽時，那邊的她也一樣唉聲歎氣。不過，這種感慨並沒有持續很久。瀟瀟在電話那頭幫我打氣——她說，現

**Point** 剛畢業的五年裡沒資格談薪水，這五年裡你需要看重的是如何提升自我價值。

在最重要的就是學習業務技能，還說她報了英語口說班和投資課程，想趁著離開學校沒多久學習幹勁還在，再學點技能。

瀟瀟所在的企業屬於物流業，跟金融、英語搭不上邊，因此，我當時覺得她這麼做根本就是徒勞的——我認爲，與其把時間花在那些看不到效益的事上，倒不如花在一件能夠立刻兌現的事上。

那時的我和曉秋一樣幼稚。我只按部就班地過著朝九晚五的生活，在公司裡做著和我月薪相匹配的工作，有時忙，有時閒，日子一天天地就那麼過。

當我開始嫌棄自己的薪水有點低時，瀟瀟跳槽了。令我很意外的是，她跳槽到了一家金融企業。

我們已經工作三年了，當我納悶瀟瀟怎麼會跨產業跳槽時，她告訴我，這家金融企業跟原來的公司有合作過，她能跟他們接觸，源於某一次談判時公司的財務人員突然告病假，而她剛好是窗口業務，加上她懂一些財務知識，也十分清楚公司的財務運作流程，便和對方談了起來。

除了幾件小事需要由財務人員作最後確定外，其他事宜瀟瀟都處理得十分專業，相當漂亮——她給對方留下了一個深刻的印象，後續聯繫始終沒有斷過。

對方覺得瀟瀟聰明、機靈、反應快，很適合做金融業務，便有意請她來。剛好她也有意進入金融行業，正愁沒機會入行，這便順理成章地過去了。

去了新公司的瀟瀟，也沒有鬆懈對自己的要求，她工作依然很賣力、很認眞，不肯放過每一個細節。加上她性格偏外向，深諳爲人處世之道，入行沒多久就積累了相當數量的客戶，不僅受到主管的格外重用，就連薪水也跟著翻了幾倍。

很快的，瀟瀟的薪水就超過我了。

我曾看過瀟瀟的一篇部落格文章，有句話是這樣寫的：「年輕人，不要總盯著薪水，如果你只把眼光放在那三千元上，那麼到最後，你也就只值三千元。」

**每個人都有價值，這價值依你的市場競爭力來定。初入職場，你需要做的是如何提升自己的專業能力，而不是只為了當下的薪資。**

其實，職場很公平，因為它只偏向競爭力強的那一方。

# 高學歷不等於高能力

我們總是會有一個誤區，認爲學歷高的比學歷低的能力更高，找工作的時候就會更好找，薪水也拿得更多。

畢業季，朋友的公司招了一個博士生。朋友說，當他們部門得知這個消息的時候，大家都期待得不得了，眞心想看看這位博士生長什麼樣子。

博士生展業報到的那天，自他進門起，無數雙眼睛便盯著他，嘴裡還不停地嘀咕著：「原來他就是那個博士。」展業就當沒聽見，徑直往前走。

朋友說，展業個子不高，圓臉，鼻樑上架著一副圓形近視眼鏡，乍看之下是一個有趣的人。但你再細看他的眼神，儼然就是一副書呆子的神色，而且不苟言笑，跟誰都不怎麼說話。

這是家製藥公司，展業剛進公司就是專案經理，他主持的專案是公司新開發的一種藥。大家都對展業的能力十分期待，心想著他會不會像前專案經理那樣做出令人讚歎的成績。

事實證明，展業在理論上絕對沒問題，甚至從他嘴裡說出來的一些專業用語，幾位在藥業工作了很久的老員工都沒聽過。而這給老員工帶來了一些困擾，同時也對展業的工作開展造成了一定的影響。

此外，展業不懂得工作方法，大部分時間他喜歡單獨做事，也很少把自己的計畫透露給其他人，就連他的工作進行到哪一步了，同一個團隊的成員都不知道。

有一次，總經理跟一位資深的老員工聊天，問起了新專案。老員工臉色一青，氣氛立刻僵了下來。總經理見情況不妙，便很仔細地問了幾句，還爲展業說了些客套話，大體意思是：他初來乍到，有些流程不熟悉，你就多幫幫他。這個人在專業上沒問題，還申請過個人專利呢。

總經理這麼一說，老員工就有點忍不下去了，隨即把這段日子以來工作中存在的問題一一指了出來。諸如，展業不熟悉流程也就罷了，老員工解釋了一番，他也聽懂了，但還是決定按照自己的那套方法來。結果，很多環節都出了或大或小的問題，讓他們感覺很亂，卻又不知該從哪兒開始梳理。

展業的確專業過人，他們對此沒什麼可挑剔的。只是，可能就因爲他太專業了吧，團隊裡的人都和他有差距。面對其他人聽不懂的地方，他只講一遍，在發現他們還是不理解之後，他便放棄講解，自己一個人做。後來，他乾脆什麼也不解釋了。

總之，現在的作業模式就是：團隊裡的人都等著，展業叫他們做什麼，他們就做什麼。如果有聽不懂的，或是不知道怎麼做的，展業就自己全攬下來。

老員工最後感慨道：「跟展業一起工作，我才眞的體會到自己的渺小和無用啊！」這話雖然表面上是在損自己，其實是對展業的工作方法和態度的不認可。

精明如總經理，他怎麼會聽不出來。

事情的發展超出總經理的預料，他以爲展業身上只會存在高學歷和高專業背景下的傲氣，沒想到他竟然如此不懂團隊之間的配合，以及團隊的心理和顏面。

這裡可是企業，不只需要展業這樣的高科技人才，更需要團隊之間的配合和協力。他這樣做，不僅不會增加團隊的凝聚力，反而會弄得人心渙散。長久下來，說不定連資深的老員工都保不住，就連企業的整體運作和流程也會改得天翻地覆。

總經理礙於展業的面子，並沒有把他叫到辦公室來，而是找個理由請他吃了一頓飯。飯局上，總經理講了一個故事，重點用一句話概括就是：一個人做不成大事，需要有他人的配合才行。他還以籃球和足球比賽爲例，意思是：要想贏得比賽，就得注重團隊合作；就算姚明再厲害，沒有其他隊員的配合，一樣贏不了比賽。

展業是個聰明人，他立刻領會了總經理的意思。只是，他不明白的是，他的做法並沒有給公司帶來不便和損失。

總經理一聽，方知此人不懂看人心，不禁唏噓了一聲，說道：「如果沒有不便和損失，也就沒有我和你吃的這頓飯了。展業啊，你是個人才，但在企業做事，學歷是基本，能力才是最重要的。能力不僅僅是專業能力，還包含你的領悟力、配合力以及人際交往力，這幾種缺一不可。」

展業以爲自己是博士，在專業能力上絕對是NO.1，因此，在面對團隊裡那些學歷不如他的人時，多少會有些優越感。再者，面對很多對方不明白的地方，他認爲解釋等於白費功夫，因此，在沒有和其他人商量的前提下，就自作主張決定不解釋。

這樣一來，即便他自己沒有看不起對方的意思，也會讓對方產生誤會。一旦團隊內的人員分崩離析，誰還會同心協力好好地完成項目呢？

展業也許是出於好意，卻用不恰當的行動做出了一個讓所有人誤會的結果，而這無關乎他的專業能力。只能說，他在其他方面的能力太弱了。正如總經理所言，一個人的能力不只有專業能力，不能以一概全。把學歷看輕一些，把綜合能力看重一些，才是職場的「正確開啟方式」。

紫紫是從國外知名大學碩士畢業後回國工作的。她本人很開朗，也和展業一樣戴著一副圓形近視眼鏡，看上去十足可愛。我們不在一個部門，平時見不到幾次面，眞正和她熟識是在公司舉辦的一次爬山活動中。

說實話，我體力很差，從一開始就落在最後了。紫紫那天是生理期，但她還是來參加公司活動。她爬的速度和我差不多，於是我倆就一路聊天，走走停停。

我們聊各自喜歡的明星，還有當下的偶像劇，聊得很投緣，便逐步深入。我們公司並不是全球前五百強，也不是知名企業，因此，當我得知紫紫的留學背景之後，對她選擇來這家公司感到十分驚訝和不解。

不用想也知道，美國知名大學畢業的資訊碩士，很多出色的公司都搶著要，給出的薪水和待遇也一定比我們公司給的多得多。

面對我的疑惑，紫紫反倒很輕鬆。她跟我說，雖然自己的學校和專業很不錯，但缺乏實際經驗，而且她從來就沒有接觸過職場，別看她是高學歷者，剛到公司的

Point

把學歷看輕一些，把綜合能力看重一些，才是職場的「正確開啟方式」。

時候還是和大學生一樣，得從頭開始學。

關於學歷這塊，她看得很開，她用一段話來解釋自己的行爲，大體意思就是：無論是名校、大學畢業，還是碩士生、博士生，其實大家都坐在同一列火車上。不同的是，大學生是站票，碩士生是坐票，博士生是臥鋪。車到站了，下車後，大家面對的征途都一樣。

**高學歷不等於高能力，名校背景不代表你更出色。學歷只代表過去，它只能證明過去的那個你很出色，而當你換了一個征途，就要面對新的開始。**

聽完紫紫的話之後，我有點自慚形穢。我雖然也是碩士生，卻常常自怨自艾地覺得自己在這裡工作吃虧了。但轉念一想，我就是因爲把學歷看得太重，導致在找工作和做工作的時候老覺得自己比別人更聰明，也懂得更多。事實並非如此。

正是因爲「不把自己當回事」，紫紫在工作中的表現很不錯，同事對她也讚譽有加，而且總是喜歡聽她講在國外讀書時的趣事。其中，有個打算出國留學的同事，跟紫紫請教留學方面的問題。她不僅熱心地解答，還找來當年自己聯繫過的留學機構幫同事出主意，選擇最合適的學校和主修科別。同事很感動，走之前還特地請她吃了一頓飯。

大概兩年後，紫紫離開了公司，她被一家大型網路公司看中，挖角去做主管了。對方看中的不僅是她的學歷，更重要的是，她具有很好的團隊合作能力。公司主管本不想放紫紫走，但既然人家有了更好的出路，也沒有不放的道理。離開之後，她也經常參加我們這些老朋友的聚會，還是那麼親切、活潑。

在人們的慣常思維中，認爲碩士就該怎樣，博士就該怎樣——其實，無論是碩士還是博士，他們都和學士一樣，只代表你的學歷和學位。

很多後來的成功者，其實在大學畢業後便開始工作。工作幾年後，他們又返回學校接受再教育，成爲碩士或是博士。學習會幫他們增進知識量，有助於鍛鍊他們的邏輯思維能力，使他們在面對同一個問題時能有更多不同的見解和看法，從而幫助他們更好地在工作中發揮重要作用。

學歷可以為你的能力添磚加瓦，卻不等同於你的能力，所以，不要總是給學歷戴上有色眼鏡。即便你學歷不高，也可以透過後期的學習來獲得知識，最後達到自己的職業理想。

# 多份堅持，少些妥協，你的夢會更近

在一次夢想大調查中，有超過八十%的人表示，自己還是孩子的時候就有了夢想職業。然而，只有四十七%的人表示，自己在大學畢業時才有了明確的目標職業。正所謂：越長大越茫然，夢想逐漸成了奢侈品。

在放棄夢想職業的人群中，九十%的人是迫於現實因素。其中，四十%的人是為了更好的職業發展而轉行的；二十六%的人是因為目前的工作已經定型，從而放棄了夢想職業；二十四%的人是為了更好的薪資、福利而轉行的。不過，也有二十%的人非常灑脫地表示：做什麼工作無所謂，做一行、愛一行才最重要。

很多人表示，現在是買方市場，求職者根本就沒有選擇權，能找到一份工作就不錯了，如果是一份薪水、福利都不錯的工作，那就更完美了。夢想什麼的，該讓步就必須讓步，這就是現實。

事實上，這只是你看到的表面而已。

阿松大學畢業的那年剛好遇到經濟危機，一些大公司都宣布破產了，原本已經決定要招聘他的那家公司也因為經營不善，不得不遺憾地通知他人事凍結的消息。阿松當時並沒有沮喪，而是很樂觀地想：公司那麼多，又不是全部都經營不善，總有實力雄厚的公司還需要人。於是，他就繼續找工作。

他有英語方面的專業，本想找一份翻譯的工作，可因為國外經濟下滑，對翻譯的需求不像從前那麼大，很難找到好工作。不少小型翻譯社倒閉了，不少製造型的大公司也選擇調整營運方向，從原本以外貿為主轉為內銷模式。如此一來，需要英語專業人才的公司就更少了。

一晃眼半年過去了，阿松的心情也從不慌不忙轉為沮喪。那是他在家過得最悶的一年，親戚朋友在吃年夜飯時都聊著工作上的事，他一旦被人問起工作狀況，就恨不得鑽到地洞裡去。

父母見他壓力大，不敢對他施加任何壓力，而是給出兩個建議：一是準備研究所考試，因為經濟危機不知什麼時候能過去，兩、三年研究所讀下來估計景氣會好一些；二是考張教師證，在老家的中學當英文老師。

阿松自知自己不是個學習型的人，如果想考研究所，他早就跟同寢室的兄弟一起備考了。讀了二十年的書，他想做一番大事業，他的英語能力很不錯，而他從小就崇拜職業譯者，只可惜就現狀而言，這個夢想職業離他是越來越遠了。

阿松沒有別的選擇，無奈之下，他選擇了父母的第二個建議，考了教師證，並通過當地一所中學的招聘，成了一名英文老師。其實，當英文老師是一份不錯的職業，不僅受人尊重，而且還有寒暑假。但在別人眼中的好工作，在阿松眼裡並不算好。

在剛開始工作的那一年裡，他最想做的還是譯者。那時一股氣還在，就憑著這股氣，他考了筆譯的分級考試，還考了口譯。口譯比較難，第一次沒通過，加上白天要上課，晚上還要備課，真正屬於自己的時間並不多，他也就沒有再考。

沒想到，教著教著，阿松才發覺到這份工作的好。學生的崇拜以及家長的重視，讓他覺得這份工作還是可以做下去的。於是，他花在備課上的時間多了，改作業的時間多了，研究考題的時間多了。有空時，他還能陪女朋友去旅遊。

生活的恬靜、優美在侵蝕著阿松最初的奮鬥之心，他慢慢地喜歡上了這種生活。直到有一天他去參加同學聚會，見到當年在學校時最要好的幾位朋友，才又感到了一絲失落。

幾個人剛坐下，就開始聊起彼此的前程來，令阿松意外的是，其中兩人在外商公司上班，另外兩人在翻譯社做翻譯。聊了一圈下來，就只有他一個人當了老師。而幾個朋友過得如何，從他們的穿著和言談中就能看出來。

同學們對於阿松成爲老師感到驚奇，其中一人說：「你那時不是發誓自己絕不會當英文老師嗎？還說你教英文很不搭。」

說者無心，這話雖然並無惡意，阿松卻是聽者有意。他的臉色立刻沉下來，忍著心中的尷尬，勉強一笑：「後來又喜歡上了，沒辦法！」

隨後，阿松也問了其他幾個人的情況。其中一人直言自己是被人推薦去翻譯社的，另外幾人都是熬了大半年才找到工作。他們都說，當時覺得英語是最沒用的專業，沒想到因爲兼職做翻譯，到最後卻做出一份正式工作來。雖然現在的薪水還沒達到理想水準，但至少做的是自己最想做的工作。

一頓飯下來，阿松是發言最少的那個，因爲他們聊的內容離他的生活太遠。他做最多的一件事，就是傾聽和傻笑。恍惚中，他想起了最初的職業譯者夢想——並不是說譯者就比老師好，只是因爲前者是他曾經最想做的那件事。

因為妥協，所以遺憾。
因為遺憾，所以難過。

有一個女孩，高中時期就樹立了當導演的夢想。之後，她順利地考入中國傳媒大學，主修電影導演。她原本意氣風發，夢想著在學校裡一展抱負，沒想到班上的同學都比她優秀，他們入校之後就有作品，而且作品富有個性、品質不錯。

面對這樣的情況，她對自己開始有了質疑——她太平凡了，平凡得沒有絲毫亮點。她時常懷疑自己是不是選錯了科系，訂錯了目標。

儘管對自己有質疑，但她並沒有就此選擇放棄，她在自我懷疑中跟著課堂一步步走下來，踏踏實實，勤勤懇懇，沒有一絲懈怠。

大學畢業後，她選擇繼續攻讀研究所。與此同時，她開始實踐自己的夢想，她從助理做起，慢慢地進入導演這一行。一開始很難，也很辛苦，但她沒有任何怨言。後來，她自編自導了人生中的第一部戲，這本來是個很不錯的機會，不料，她因爲嚴重貧血而無法繼續工作，只能躺在床上休養。

當時，家人心疼她，希望她改行，到某家公司裡去做朝九晚五的工作，畢竟身體要緊。但她很執著，並不想就此放棄夢想，於是，她和母親打了個賭：如果她能一個人從一樓走到六樓，她就繼續做自己的導演事業；如果不能，她就聽從母親的建議，找一份工作過穩定的生活。

母親拗不過她，便答應了。

當她眼冒金星、氣喘吁吁地爬上六樓後，她號啕大哭起來。從那時起，她便決定，這輩子就要在導演這條路上走下去。

她堅強的意志幫助她脫離了病魔的困擾，而她執導的第一部影片還拿了獎。這個喜訊來得太突然、太驚喜，只是，這部影片之後，她再也沒有收到工作邀約。

她的心很慌，再度陷入了自我懷疑中。但這次她沒那麼急躁，反而選擇了最安靜的一條路：每天一個人去咖啡館看書，寫劇本。

那時，儘管她很孤獨，內心惶恐，需要有個人來幫她調解，但她沒有這麼做。

那時，她看了很多書，恐怕是她看最多書的一段時間。她時常以導演李安的經歷來安慰自己，給自己打氣。她深知，面對困難，急躁不管用，慌張也不管用，機會和運氣則是水到渠成的事，她需要做的就是自我沉澱。

也有人請她去公司上班，待遇還不錯。但她想，如果她真的去了，就會離導演

Point

有的人妥協了，丟了夢；
有的人堅持下來了，得到了夢。

的夢想越來越遠。她自問：我內心深處最想做、肯爲之付出一切的是什麼？答案不需絲毫猶豫，是導演。她眞實的內心容不得自己對職業的妥協，即便處境艱難，她也選擇繼續堅持下去。

半年後，便有戲約過來。這部戲之後，她的導演路似乎比從前順利了許多。緊接著，她又連續拍攝了網路劇《匆匆那年》和電影《誰的青春不迷茫》等。

沒錯，她就是導演姚婷婷。

喜歡這兩部作品的人一定會感歎，如果姚婷婷當時眞的沒有挺過逆境的煎熬，從而選擇對現實的妥協，我們也就看不到這兩部最貼近眞實青春、看後讓人回味悠長的影劇作品了。

很多時候，艱難的處境會讓我們意志衰退，會讓我們對現實屈服、妥協。但與此同時，這也是對我們的考驗。能否堅守本心、不忘初衷，是每一個奮鬥者都要面對的難題——有的人妥協了，丟了夢；有的人堅持下來了，得到了夢。

雖然困境的難度對每一個人來說各不相同，但多一份堅持，少一些妥協，你的夢會更近，你的人生也才能不留遺憾。

# 即便是求職，也不該妥協

你眞的會求職嗎？

求職不只是大學畢業或研究所畢業之後才會遇到的問題，這兩個字會伴隨你的整個職業生涯。然而，求職並不是一件容易的事。

剛畢業的時候，求職的主要難點在於缺乏工作經驗；其次是，你對各種行業和想要從事職業的不確定性。工作之後的求職，其主要難點在於薪資和職位是否符合你的心理預期、職業生涯規劃，以及是否對你的職業發展能起到推動作用。

會求職的人，總能挖掘自己的潛能，在新工作上發揮自己的特長，創造出很多的不可能。不會求職的人，即便每天投了二十封履歷，能接到的面試電話也是寥寥無幾。即使找到了工作，要麼是和預期的不符，要麼總透著些委屈。

我們總是認爲，大量撒網才能收獲最多，殊不知，求職這件事要做到「有的放失」，才能萬無一失。

阿強和家濤是同一個寢室的大學同學，關係很好。讀書的時候，他們經常一起打電動，一個人出去買飯，就會幫另一個人也把飯買回來；到了考試季，一個人先去自習室，就會順便幫另一個人佔位子。

家濤的英文好，阿強的數學好，兩人互補，時常交流學習方法和心得。兩人都是外地人，也都想留下來在這座城市裡生根發展。

兩人學的是資訊專業，阿強的想法是，無論什麼工作先找一份再說，能在這座城市裡站穩腳跟就好。因此，他選擇的求職方式就是大量撒網，他幾乎每天都上人力銀行，每天都會關注來學校招聘的企業資訊，但凡有資訊方面工作需求的，他就投一份履歷過去。

總之，他的想法很簡單，他堅信就算撈不到大魚，也有小蝦。

家濤跟阿強的做法相反。他跟阿強去過一兩次企業徵才說明會，也去過學校的招聘會，但他的履歷列印得很少，也沒有每家公司都投遞。一個多月過去了，阿強好歹還收過面試通知，而他卻一次都沒有收到。

**Point** 會求職的人，總能挖掘自己的潛能。

阿強爲這個兄弟著急，但他不好多說什麼，畢竟關係再好，也不方便插手對方的生活。

後來，急性子的阿強終於忍不住了，就在某次參加完招聘會後對家濤說：「家濤，你不能再這樣下去了，眼看就要畢業了，想要留下來得先有份工作才最可靠。再說，我們也沒有什麼工作經驗，就那一點點實習經驗，人家根本看不上眼。所以，現在的關鍵是抓住工作機會，不能再這樣走馬看花似的找了。」

家濤聽後，也說出了自己的看法。

原來，他想去專門的ＩＴ公司或是網路公司工作，而來學校招聘的公司大多爲製造企業，他們對資訊專業的需求主要停留在系統維護的層次上，至於軟體的程式開發，他們都選擇直接從軟體公司進行購買。

這種情況和他想做的工作有差別，如果只是維護系統，對自身的技能提升沒有幫助作用，他寧願不要。

阿強發現無法說服家濤，便也不再多說。

最終，阿強撈到了一條「大魚」，對方是一家國營企業，主營紡織產品。他的工作內容和家濤講的那種差不多，主要是維護系統，不需要開發和製作軟體。薪水不高，但維持生活是夠了。

他心想：第一年可能會辛苦些，要是經濟上實在負擔不起，就再找份兼職。再怎麼說，對方也是國營企業，算是鐵飯碗了。他將自己找到的工作告知家人，家人也十分贊成。

家濤的工作直到畢業時也沒敲定。不過，他看準了一家網路企業，對方雖然是私人企業，規模也不大，但他研究過對方設計和開發的軟體，發現都很不錯，而且實用性很強。與此同時，他又對這家公司的創始人和合夥人進行了一番調查——該公司的創始人和三位合夥人都有英國留學背景，創始人還曾在世界級知名企業工作過多年。

綜上所述，他認爲這是一家很有前途的網路公司，但這家公司目前並沒有在徵人。接下來的一年裡，家濤在另一家電商公司做系統開發，薪水不是很理想，工作量也很大，在電腦前一坐就是一天一夜，也是家常便飯的事。

那段時間，他和阿強同租一間房子，兩人一人一室。家濤經常半夜回來，甚至不回來；而阿強的生活則規律得很，公司裡的事也不多，遇到經濟拮据的時候他就少花點，這樣不用兼職他也能生活下去。

阿強看家濤天天都這麼累，覺得他根本就不値得，即便他是一個ＩＴ男，也懂得投資報酬率——這種回報率低的虧本工作，他怎會願意做？

可家濤就是執著，他說自己工作得這麼辛苦，是爲了將來能夠進入那家自己看好的網路公司。

阿強一聽，更覺得這個兄弟是腦子進水了，他直言道：「這城市裡公司那麼多，做網路的也不少，你非要在那一家做，這不是等於爲了一棵樹放棄整片森林嗎？而且，那還是棵不知道能不能長大的小樹苗！」

家濤倒是能理解阿強的看法，那也是爲自己好，但他還是利用空閒時間不停地研究這家公司，他相信自己的判斷。果然，第二年家濤就在官網上看到了那家公司的招聘資訊，他欣喜若狂地投了一封履歷過去。與此同時，他還寫了一封求職信，言辭誠懇，態度謙和。

然而，一個月過去了，那家公司杳無音信。家濤有點沮喪，一連幾天心情都不好。阿強不忍心見他這樣，正巧原來和他一起做系統維護的同事離職了，他便有意推薦家濤過去。結果，家濤搖搖頭，婉拒了。

可能有人會說，像家濤這種過於執拗的人太少了，當今社會大多數人的選擇會和阿強一樣，少有他這樣頑固、執著的人。而且，他這樣堅持下去，對他自己也沒什麼好處。

表面上看是這樣，然而誰會知道，五年後的家濤成了某上市網路公司的高層兼股東，而阿強仍然在那家國營企業做系統維護工作。

故事還要追溯回五年前。當家濤一度以爲自己的履歷石沉大海的時候，他透過自己的人脈，直接要到了這家公司人事經理的聯繫方式。他重新整理了一份履歷和一封求職信，寄到這位人事經理的信箱。隨後，他又打了一通電話給對方，講明自己的意向，並在電話中簡明扼要地闡述了自己的長處和適合這份工作的原因。

其實，對方並不是沒有看到家濤的履歷，而是在看完後覺得他表現平平，並沒有什麼突出的地方，便歸入了候選名單中。沒想到，家濤直接打了電話過去，並在電話裡做了一次簡單的電話面試，無形中給了對方一份驚喜。

人事經理再次查看了家濤的履歷，覺得可以讓他來參加面試。

面試是在兩天後舉行的。當時，來參加面試的人總共有五位，家濤是最後一位。輪到他的時候，面試官直接問他：「爲什麼選擇我們公司？你爲什麼覺得自己可以勝任這份工作？」

家濤並沒有被面試官的氣勢嚇到，他清晰地講述了自己這一年來在軟體發展工作上的優勢和特點。隨後，他還根據這些年來對這家公司的瞭解，對後期的軟體發展發表了自己的看法。不僅如此，他還說出了這家公司目前的一個經營難點，以及針對這個難點他自己想到的解決方法。

家濤的回答令面試官眼前一亮，他再次低頭仔細地看了一遍家濤的履歷，不由得面帶困惑地問：「你怎麼會對我們公司如此瞭解？」

家濤微微一笑：「我在剛畢業的那年就注意到貴公司了，只可惜那時你們沒有徵人。於是，我根據你們的需求去了我現在的公司做系統開發，希望可以累積經驗將來能對貴公司有用處。這一年來，我一直在關注貴公司，貴公司被什麼樣的公司投資，開發了什麼軟體，什麼軟體賣得好、賣得不好，我都瞭解。」

面試官一聽，甚爲欣慰，還有種相見恨晚之感，當下便決定錄用家濤。

在進入自己夢寐以求的公司之後，家濤更是工作目標明確，表現突出。上司對高層反映過幾次家濤的情況，高層很重視，兩年後他就被提拔爲部門經理。

接下來的一年，家濤主持開發的系統軟體大大地提高了公司的工作效率，並可以適用於多個相關領域，當年就爲公司帶來了可觀的利潤。此時，正逢公司融資上市，規模進一步擴大，事業版圖也比從前有了更大的擴展。

於是，家濤成了第一批持有公司股份的優秀員工，而他的職位也從部門經理升爲公司總監。

有人說，家濤的成功也算是他的運氣，其實不然。

他從一開始就有目的性地在規劃自己的職業生涯——從選擇行業到職業，再到選擇什麼樣的公司，他都很清楚，並且，他一直都在爲這個目標奮鬥。雖然他也走過彎路，經歷過落魄，但無論如何他始終沒有放棄。

也有人說，一個人的職業生涯是變化莫測的，根本就無法掌控在自己手中。不，你錯了。如果你沒有清晰的目標，你就會像阿強一樣大量撒網，希望網到一條大魚，但最後只收獲了小蝦。

**既然你不打算一生庸碌無為，那就先確定一個目標，並為之努力奮鬥，因為時間不會辜負每一個認真對待它的人。**

# 考研究所不是用來逃避求職的

如今存在一個很普遍的現象，那就是很多學生讀完大學後會決定考研究所。那些成績不錯、家境也不錯且眼光高遠的，就把目標定在歐美國家，從大二開始就準備考托福、雅思還有GRE。條件次等的，就將目標鎖定在國內知名大學。再次者，考慮的則是直升本校研究生。

到國外留學的同學，一部分是眞心想學習國外先進的知識，同時開闊眼界；另一部分則是爲了鍍金，以期回國後可以找份不錯的工作。

在國內讀研究所的同學，目的也有兩個，一是爲了學術研究，一是希望在讀書和工作之間得到一個緩衝。

透過讀研究所，他們一來可以晚就業，二來可以提高自身的競爭力。只要兩、三年後，在學歷那欄塡寫的是碩士，他們就會自覺高人一等，在求職途中腰杆也能挺得直一些。因此對他們而言，是不是知名大學的研究所不重要，重要的是學歷。

但是，現實眞的會如他們所想的那般順利嗎？

先給你做一題選擇題：

畢業前，你通過了研究所考試，收到了錄取通知書。與此同時，你還收到了當初因擔心考研究所落榜而投了履歷的外商企業offer。你的選擇是什麼？

❶ **繼續讀研究所深造。**

❷ **直接去外商企業工作。**

❸ **在糾結中不知所終。**

小君就是一個爲此而陷入糾結的畢業生。爲了考研究所，她準備了三年，完全不曾懈怠過，考上的學校是國內知名大學，系所也不錯——是很有發展前途和挑戰性的金融管理。

但這家外商企業也不錯，它是世界五百強，有寬敞的獨棟辦公大樓。公司給小君的職位也算和她的專業有關，只是缺少了一點挑戰性。

站在岔路口的她想：既然大學剛畢業，我就能收到五百強的offer，等我在學歷上再鍍一層金，豈不是更厲害？到時候直接應聘主管的職位應該也不是難事。

在跟家人商量之後，小君果斷地選擇了讀研究所深造。

然而，研究生課程和小君設想的不大一樣，因爲都是經濟類學科，很多課程都是重複的，沒有新意。而且，金融對高等數學的要求特別高，她又是文科出身，學起來特別吃力。但好在她肯吃苦，又肯下功夫，總算在三年後以出色的論文拿到了金融管理的碩士學位。

早在研究所第三年的上學期，小君就開始一邊準備論文，一邊投履歷。經過三年深造的她，此時的心情與剛畢業的大學生迥然不同，她常常不自覺地以研究生自居，對工作列出了「三非」原則：非大型國營企業不去、非一百強金融外商企業不去、非主管職位不去。

曾有一家證券公司看中了她，給出的薪水也不錯，但不是管理職位。這讓小君覺得有點虧，跟對方來來回回地談了兩三次，最終把人家給嚇跑了。

小君始終覺得好的都在後面。事實證明，在全球經濟呈L型走勢的今天，爲了縮減成本，大部分企業在人力選擇上更傾向於有工作經驗的大學生，而不是一出校門就顯得「高大上」的研究生。

這樣的現實讓小君始料未及，爲了找到一份合適的工作，她不得不降低要求，從主管職位降爲一般職位，再從世界五百強降爲普通外商或是有潛力的私人企業。

三年前曾給過她offer的那家企業，再次面對她這個沒有任何工作經驗的研究生時，人事部主管說出了實話：「我們若要聘用妳，需要花費比大學生更多的薪水。從經濟學上講，既然我們可以用一個月薪三萬元的大學生就能完成某項工作，何必請一個月薪五萬元的研究生呢？事實上，你們爲公司創造的價值是一樣的。」

小君難以置信地說：「但我是研究生啊，您應該看到我的未來價值。」

「很遺憾，企業不會這樣去考慮問題。如果我目前看不到妳能給公司創造的價值，或是妳能創造的價值比妳開出的薪資少，那我何必僱用妳去做賠本買賣？節約成本、創造利潤，才是根本。聽起來很殘酷，但這就是現實。」

現實讓小君不得不再次放低姿態，高不成低不就的她又熬了半年，最終去了一家銀行做職員，過上了朝九晚五的生活。

大學同學聚會的時候，大家都詢問小君的去處，畢竟她當年可是班上數一數二的學霸。她面色尷尬地說自己去了銀行。同學們立刻誇讚她，說還是研究生好，一畢業就能去銀行工作。

同學們雖然這麼說，但小君還是有些難爲情，畢竟這份工作以及薪水都不是同學中最好的。

這期間，她聽聞幾個當年成績還不錯的同學居然已經當了公司主管，一年的薪水加獎金比她想像中的還要多。

小君的心態立刻就不平衡了。回到家後，她時不時地想，如果當時自己選擇去了那家五百強企業，現在自己會不會也和同學一樣當上主管了？

我的表姐也曾是類似小君這樣的「幸運者」，但她卻做出了不一樣的選擇。當時，表姐只是覺得上了十多年的學有點膩了，她很想去外面試一試，看自己究竟能闖多遠。

當表姐放棄讀研究所而選擇工作的時候，家人都覺得她瘋了。在他們看來，成績還不錯的她應該繼續考研究所，然後再找工作。但她還是力排眾議，以三年爲限，要讓家人另眼相看。

表姐去的這家外商企業不是世界五百強，而是一家初入中國的網路金融公司，地處中央商務區，坐在三十五層樓高的辦公室裡，可以看到市中心的全景。

但在網路金融還未風靡的當年，表姐的這份工作並不被人看好，特別是她的家人總是提心吊膽，時刻準備著聽到她捲舖蓋走人的消息。

那段不曾在表姐十七歲時迸發的叛逆期，不僅推遲了，還在來到之後悄然消逝了。她當時沒想過做多久要辭職，沒想過這家公司會不會倒閉，只是放下一切，一心專注地工作。

也許是工作時間很有彈性，而且時刻充滿新鮮感和挑戰感，每完成一項上司交付的任務，表姐就會特別有成就感。雖然加班在所難免，但不管給不給加班費，表姐覺得那是她該盡的責任。

兢兢業業地奮鬥了兩年，公司在國內站穩了腳跟。上司也看中表姐的能力，打算讓她升職。

表姐喜滋滋的，與此同時，她也發現了自身知識上的缺乏，覺得是時候幫自己充充電了。因爲，升遷前要接受爲期一年在美國紐約總部的培訓，聽聞培訓的時間相對寬鬆，表姐便提前考了托福，申請了紐約大學金融碩士課程。

於是，週一到週五，表姐穿著ＯＬ裝坐在紐約總部的會議廳裡培訓。週末，她便換上休閒服，背上雙肩包，重新做回學生。

起初，表姐遇到了語言上的困難。

在剛去的半年裡，表姐覺得讀書對她來說是件相當困難的事，一想到結業時要交的論文，她就頭疼。爲此，她不得不報了晚上的語言學習班，讓自己再次全新地接受英語這門語言。授課的是一個「中文通」老外，性格很隨和，教得也很認眞，時間一長，表姐便和她成爲了無話不說的朋友。

一年的時間彈指即過，雖然每一天都很累，卻也很充實。尤其每當完成一次挑戰，表姐對自己的未來就更充滿了信心。

總部對表姐的培訓很重要，後來證明，那一年的金融課程更重要。因爲，課程的設置很有針對性，裡面講的內容都是表姐工作當中會碰到的，實用性很強，對工作有著很好的指導意義，這也是後來表姐能夠在眾多競爭者中脫穎而出的關鍵。

很多人不理解，表姐爲什麼要花錢去讀個沒學歷的課程班，因爲這對在國內就業來說一點用處都沒有，根本就沒有含金量。

每每這樣，表姐只是淡淡一笑，因爲她知道她最缺的什麼，最需要的是什麼——碩士學歷是好，博士學歷更好，但如果不是她最需要、最缺少的，那麼，它們也就只是兩張毫無用處的紙。

當然，我並不是想以表姐的例子來否定所有選擇先讀研究所再工作的人，我想要表達的重點是，考研究所不是你規避求職風險，或是借此攀高枝、賺大錢的方法。如果你只是爲了找工作，或是跟風去考公務員，從而花三年時間完成這件事，那麼你輸掉的可能不只是工作，而是三年的青春。

其實，作爲一個畢業生，如果能面對這樣的選擇題，就說明你已經很優秀了。讀研究所或是工作，都要遵從自己的心，你的選擇決定你將來要走的路——無論是哪條路，除了荊棘，還有來自他人潑的冷水。

**但你始終都要堅信，畢業後你會有一萬種可能，決定這些可能的，不是你的學歷，而是你的心態。**

Point

遵從自己的心，
你的選擇決定你將來要走的路。

# 現在，發現你的職業優勢

學妹琪琪某天打了一通電話給我，先是寒暄了十分鐘，然後才步入正題。她想應聘我們公司的市場專員一職，但履歷已經寄出去好幾天了，連個消息都沒有。

我問她是透過哪種方式投遞的。她說是用email寄出的。

我說：「用email寄出很不錯，有針對性，人事部不可能看不到。」

琪琪告訴我，她設定了讀信回條，信件應該被打開過，卻一直沒有後續消息。她想請我問一下人事部門，到底是什麼原因。

我正想著要怎麼去找人事經理問問，便在茶水間看見小鐘走過來。小鐘和我關係不錯，剛好負責的是招聘這部分。

我想了想，直接跟小鐘講了這件事。她聽後，手一擺說沒問題，但因爲近期投遞履歷者眾多，她得查查，晚點再跟我說。

之後，我便一直忙於手頭工作。

臨下班前，小鐘的訊息終於來了。她問：「是這個叫琪琪的嗎？」這句話上面還有一張截圖，可以清楚地看到信件標題的「個人履歷」那四個字，而信件正文除了一開始的一句「你好」，下面僅有一句冷冰冰的話：「這是我的個人履歷，請查收。」結尾處倒是不忘寫了一個「BR.琪琪」。

再細看附件的圖示，居然是一個我都不明白那是什麼軟體的東西。

緊接著，小鐘說：「這履歷也投得太簡單了吧？信件標題連應聘什麼職位都沒有寫，更別提有什麼特色。這個就不說了，再看看她附件裡的東西，妳知道那是什麼軟體嗎？」

我一時語塞，回答不上來。

小鐘的打字速度倒是比我思考的速度還快，不等我回話，她又說：「這樣的履歷，我們根本不會打開看，而是直接過濾掉。對了，琪琪是妳什麼人啊？」

我頓了下，決定打公司內線和小鐘說：「琪琪是我的學妹，在學生會的時候是一個挺機靈的女生。我猜她是爲了彰顯自己履歷的不同，找了一個精美的軟體製作完成，然後才寄過來的。」

小鐘聽後嘆了一聲，回覆道：「叫她重新寄一份過來吧。」這事弄得我也很尷尬。我立刻打電話給琪琪，叫她務必用Word再寄一份履歷過來，並且要把附件添加在正文裡，信件標題按照「應聘職位＋姓名＋優勢」的方式寫。

琪琪一聽，愣了兩秒鐘後說：「Word很不好看，我那份履歷可是精心製作出來的。」

我當下無語，正經地告訴她，如果她真的想應聘我們公司的市場專員，就按我說的去做。

琪琪見我語氣硬，便不再說多什麼。半小時後，小鐘告訴我，她終於看到琪琪的履歷了，乍看之下，這個女孩很優秀，但細細琢磨後，又覺得她不夠專業。

對於招聘這部分，我屬於門外漢，同樣一份履歷，我看到的點和人資看到的點根本就不一樣。我尊重他們的工作，也相信小鐘的專業能力，因此，對她是否看中琪琪我並無意見，我只告訴她，若是覺得這個人合適就安排面試；如果不合適，也不必顧慮我的面子。

小鐘素來知道我的個性，知道我並不是在跟她說客套話。後來，琪琪到我們公司面試了一次，就沒了下文。

我對此沒什麼想法，琪琪也沒再來找我。再後來，她也沒來我們公司報到，看來是在面試環節被刷掉了。

關於琪琪的問題，之後還是小鐘主動跟我講的。那天，我們下班後一起去逛街，順便吃火鍋。

其間，小鐘講起她收到的各種奇葩履歷，諸如信件是用群組發送的，而且還不是用密件副本抄送，她竟然可以看到其他招募公司的信箱。還有，在履歷裡自吹自擂，把自己誇得就像第二個馬雲。更誇張的是，她收到一封求職信，打開一看，居然是寫給某知名運動品牌的。

最後，她感慨道：「若不是我做了這行，看了那麼多履歷，否則我還真不信，這世上居然真的有那麼多人不懂得投履歷。」

既然她這麼說，我便乾脆問她ＨＲ都喜歡什麼樣的履歷。小鐘告訴我，履歷如果是以下幾種情況，他們根本不會點開看：

**第一，信件標題直接是「求職履歷」、「個人履歷」、「履歷」的。**

這樣的標題，ＨＲ根本不知道你想應聘哪個崗位、你的優勢在哪。那麼多人都投了履歷，而職缺需要的只不過是一、兩個人，你連最基本的資訊都沒有，何必浪費時間呢？

**第二，附件標題為「新增 Microsoft Word Document」的，統統略過，原因可參考上一條。**

**第三，群組發送的履歷。**

這種行爲，一看就知道應聘者是想大量撒網。殊不知，ＨＲ最討厭的就是這種行爲，因爲看起來有種投機取巧之感。而且，這說明應聘者對自己想做什麼樣的工作、在什麼公司任職，以及應聘公司等資訊根本就不瞭解。

**第四，不斷重複投遞一樣的履歷。**

有些人短期內發送好幾封一樣的履歷過來，大有洗版之感，看了就讓人心煩。

小鐘說，一般而言，這種越想讓ＨＲ看他履歷的人，恰恰說明了他對自己沒把握，又急於找工作。這樣的人即便才高八斗，錄用了，做不了多久也會走人，但離職率是公司的考核目標之一，這樣的人只會浪費公司的資源。

緊接著，她又跟我講了幾條忌諱，其中一條就是：切忌把自己寫得像個全才。我感到不解，便問她：「這樣不是很好嗎？現在不就是缺一專多能的人才嗎？」她搖搖頭，跟我說：「妳前幾天介紹的琪琪，就是這種類型。」

小鐘告訴我，琪琪可能眞如我所說的，在學校裡的表現特別優秀，又是學生會幹部，成績還不錯，經常拿獎學金。她在實習經歷裡說自己曾當過某教授的助手，在上一家公司工作時做的是市場助理，她鉅細靡遺地把自己做過的工作都羅列在履歷裡，看得小鐘頭疼。

小鐘頭疼的不是因爲工作太瑣碎，而是即便她一條條看下來，還是沒有看到亮點。她跟我打了個比方，這就好比小說裡的人物，一提到郭靖，我們想到的就是勤能補拙；一提到小龍女，我們想到的就是不食人間煙火。他們有很強的特點，也並不完美，但就是因爲不完美，大家才能很容易地把他們劃分到對應的人群中去。

履歷也是這樣。

分析一個人，從他的履歷就能看出來。世上的職位分工那麼多，而且日益精細化，每個人只負責其中的一個環節就好了。因此，HR需要看到的是你要應聘的這個環節的能力和與眾不同之處，也就是你的亮點。如果你在履歷中把自己所有的能力全都展現出來，那麼，ＨＲ會認爲你是一個在該領域不夠專業也不夠深入的人。

正如認知失調理論中所講的，當前後兩件事對個體的認知帶來衝突時，就會導致他的不適，並讓他努力改變某種認知，以實現自我調適。同理，你的履歷過於完美，反而會讓ＨＲ對你產生不信任感。而且，他會覺得你誇誇其談，不切實際。

小鐘的意思是，對於琪琪而言，既然她想應聘市場專員，就該多看看公司對這個職位的要求是什麼，從而找出工作中的切合點，並簡明扼要地寫出自己的優勢。

還有一點，就是要壓縮履歷的內容。

小鐘吐槽說：「她只有一年的工作經驗，但履歷就寫了三頁。她要是工作個十年八年的，那履歷不就要寫上萬字了！」

我問她：「那寫多少頁合適呢？」

小鐘告訴我：「最好不要超過一頁。所有的資訊都要簡明扼要地寫，關鍵性詞彙比如類似『負責』、『主持』、『達成』等可以看出工作能力的不能省，工作內容則完全不必一條條羅列出來，因爲每個人的工作都很繁雜，總有些瑣碎的事務，但這些又無法體現出你的能力和業績，那爲什麼還要浪費筆墨呢？」

Point

公司裡不缺專才，
缺的是有極強忠誠度和歸屬感的人。

聽小鐘講了這些，真是令我對這方面的瞭解增進不少。原本想說不過是投履歷而已，居然也有這麼大的學問。

之後，小鐘又講到「大量撒網」一事。她說，自己剛畢業的時候也會大量撒網，其實大家想法都是一樣的，覺得投出去的多，說不定就有一家看中了。但事實並非如此。

作爲一名資深HR，小鐘坦言，她更喜歡看到的是一份專心。她曾經就收過這樣一份履歷和求職信，透過求職信可以很清晰地看出，應聘者就是專門爲公司而來的，他不僅在裡面寫了自己對公司的瞭解，還寫了自己對應聘職位的一些想法，以及對公司未來發展的一些建議。

雖然說，現在提建議還太早，但至少能說明應聘者的確是想到公司任職的，其忠誠度和歸屬感一定會比同級別的員工要高。

因此，她毫不猶豫地就通知對方參加面試。如今，他在公司已經工作了三年，還是經理級別的人物。

當今，公司裡不缺專才，缺的是有極強忠誠度和歸屬感的人，這樣的人爲公司創造的價值，並不遜於那些自詡才幹有多高的人。

小小的履歷中藏著萬千世界，你若認眞待它，它定有回報；你若草草了之，它便石沉大海，杳無音信。

你對待前程的態度，決定了你對待履歷的態度。好好地去完成一份履歷，將它投給你真正心儀的公司吧，因為，時光不會辜負每個認真對待它的人。

CHAPTER

# 02

# 不要讓所謂的光環將你套牢

# 不是每一個圈子都適合你

初入職的時候，對於想做什麼、能做什麼，我完全不清楚。不僅如此，別看我每天工作從早忙到晚，要是別人問我：「妳是做什麼的？」我立刻就會呆若木雞，繼而自問：「對啊，我是做什麼的呢？」

爲了搞清楚我是做什麼的，我專門找出各大招聘網站，鑽進職位搜索裡研究了半天。那些五花八門的職位令我眼花撩亂，即便如此，我還是沒能找出最合適我的那個職位。

猶記得那次國中同學聚會上，大家一個個做自我介紹，有當老師的，有當飛行員的，還有當工程師的。輪到我，我只能尷尬地告訴他們，我在外商企業工作。

半年後，我做的是項目管理——嚴格地講，這不過是眞正意義上項目管理的一個分支，最貼近的職位應該是：專案管理人。

那時，我一天到晚都很忙碌，最擔心的就是自己負責的專案出現突發狀況。因爲，那樣我必須要時刻跟公司內部的相關人員保持溝通，掌握最新情況，並及時回饋給客戶。我每週都有做不完的報表，以及開不完的電話會議。偶爾靜下來，想想這份工作能帶給我什麼樣的成就感，一開始完全想不到。

直到快要離開公司的時候，回頭細想每一個在我手上經歷從無到有、最終走向終結的專案，我看著它們成長，像每一個不希望孩子生病的媽媽一樣，我必須要確保它們的穩健運行——這便是這份工作帶給我的成就感。

只不過，遺憾的是，那時我並不明白這一點，相反的，我覺得自己很浮躁。確切地講，我不知道自己究竟屬於哪一行。

等我快滿三年的時候，上司想將我調去研發部門，繼續做PM（專案管理）。我當時不懂，覺得自己在這裡做得好好的，並沒有絲毫懈怠，爲什麼要調走我呢？

上司猜到了我的疑問，直接告訴我：「妳做PM有段時間了，但這裡的PM做的只是眞正意義上PM的一部分，等妳去了研發部門，才能知道什麼是眞正的PM，也才能夠慢慢地進入這個圈子。」

同一個行業的人聚焦在一起，隨著行業的發展，人越來越多，漸漸形成了一個隱形的圈子。

從某種意義上講，圈子沒有特別嚴格的界限，形形色色的人從圈子裡進了又出，出了再進。那些從一開始就堅持永遠待在圈子裡的人，便會隨著時間的沉澱而變成元老。在這個圈子裡，他們無疑是最專業、最懂行情、最具聲望，也是擁有最好資源的人。

我們爲什麼要進圈子？

首先，進入正確的圈子有助於提高我們的專業技能。

對於某些行業而言，初入行的年輕人並沒有資格馬上就能進入圈子。面對自己的職業生涯，大多數人都存在一定的不穩定性，也許一年，也許兩年，其中的一部分人就會脫離原來的工作，轉而投向其他讓他們更感興趣的事。而那些留下來的人，則會慢慢地進入所在領域的圈子，跟行業中的前輩一起共事，而這些前輩在專業技能上無疑是頂尖的，跟比自己優秀的人一起工作、交流，要比你獨自鑽研專業提升得更快。

其次，在屬於自己的圈子裡生根發芽，有助於提升自己的知名度。

各行各業都講究名氣，就好比有些人買東西會講究品牌，如果是大品牌，就願意爲了它掏錢。一旦進入圈子，經過一定時間的積累，再加上前輩的提攜和推薦，你會有很多機會成名——成名後，你就是品牌。

再者，進入圈子有利於擴展自己的資源，拓寬你的事業版圖。

進入圈子之後，你會和圈子裡的各種人打交道，你們會形成相互促進的關係。幾番接觸下來，你的人脈會在不知不覺中擴大，你看問題的角度、思考問題的深度以及處理複雜問題的能力，都會有所提高。當你成爲圈子裡的重要角色，你就會與這個圈子打交道的其他圈子互相來往，從而拓寬你的事業版圖。

雖然圈子的好處這麼多，卻並非所有的圈子都適合你，只有進對圈子，你才能發揮圈子該有的功效。

Coco是個作家，雖然她很希望別人這麼稱呼她，但在她看來，自己還完全搆不上作家這個稱號。

她最初開始寫作是因爲在「穿越文」盛行的那年，她迷上了穿越小說。她看了相當數量的網路文章，加上想像力豐富，又有些文采，便開始胡亂地寫了起來。

Point

進入正確的圈子
有助於提高我們的專業技能。

那時，寫作對Coco來說不過是打發無聊時間的一種工具。也許是剛開始寫，對故事結構和情節的發展把握得不夠準確，更新也是斷斷續續，多少不一。因此，在寫作的前兩年裡，她一直沒什麼進步，她不去看網友喜歡什麼，只寫自己喜歡的。

後來，Coco的一部作品被某網站編輯看中，她便毫不猶豫地簽了約，在網路上進行連載。但寫著寫著，她就發現不對勁了，因爲她寫的網路文章大多是文藝風，書名一般都是類似《橘子紅了》這種名字，可編輯不樂意啊，這樣的書名，放在網路文章的大浪潮中一定沒人看。

編輯建議她好好參考一下首頁上的書名。Coco回到首頁一看，直白的文風、戲謔的感覺，這與她寫的故事內容完全不符。不僅如此，每一本小說幾乎都要寫上一百多萬字，這是她完全達不到的。從那以後，她方才意識到自己的作品和網路文章的差別，而那恰恰也是她的作品不被網友接受的原因。

開始轉投紙本出版社的Coco，走得也並不順暢。她先是像無頭蒼蠅似的到處尋找出版社的投稿方式，然而投出去的稿子石沉大海，杳無音信。

她依然喜歡寫作。這段時間她堅持繼續寫網路文章，盡可能地依網路文章的標準來寫。但做起來並不容易，因爲沒有成績可以撐腰，她曾一度對自己從事寫作這件事產生了質疑。心情差的時候，她便會跟我開玩笑，說自己要「金盆洗手」了。

儘管現實很殘酷，但Coco並不是會輕言放棄的人。前期四處投稿的經歷也並非全無收穫，因爲一次偶然的機會，她接觸到一家出版社的編輯，這位編輯很喜歡她的文字，建議她不要放棄，多讀多寫，一定可以實現出版的夢想。

Coco接受了這位編輯的建議，看了大量該出版社的書籍，還做起了市場研究。與此同時，她仍然保持每天最少三千字的寫作量，不斷地探索文章和小說的寫法，在故事和情節的安排上也漸漸有了起色。重要的是，她沒了從前寫作時的急躁和冒進，不爲寫而寫，而是順從自己的內心，寫並快樂著。

幾天前，我在臉書上看到Coco曬出的處女作圖片，不假思索地就在下面幫她按了讚。她私訊給我，調侃自己終於找到伯樂了。

看到Coco高興的模樣，我也被她深深地感動了。

相較於Coco的執著和我的迷茫，那些不確定自己該在哪個圈子裡做事，而在多個行業中來回穿梭的年輕人，才是最可憐的。

阿牛就是一位典型代表。

他是我的一個青梅竹馬，在長達二十年的學習生涯中，他一直是「別人家的孩子」：他不僅成績出色，還常年擔任班長一職，無論在哪個學校、哪個班級都屬於呼風喚雨式的人物。在他的成長軌跡中，「驕傲」一詞從來就沒缺席過。

研究所畢業後，阿牛的第一份工作是銀行職員，那是我們都很羡慕的一份工作，薪水高、福利好。但他做不到兩年，就辭職轉投到了某ＩＴ公司。

那時，我們都覺得他眞厲害，想去哪兒就去哪兒，可以隨心所欲地找到工作。他對此沒多說什麼，多年來他已經習慣了被人崇拜。

阿牛在ＩＴ公司任職的那幾年，我們都稱呼他爲ＩＴ精英，逢人便說自己有個特別厲害的兄弟。不料，這位ＩＴ精英只做了兩年便再次轉投傳媒業，原因是：他覺得傳媒業比ＩＴ更有潛力。

我不確定傳媒業是不是眞的比ＩＴ更有潛力，我只知道，阿牛在這行應該也待不了多久。我曾經跟他談過這件事：從銀行到ＩＴ再到傳媒，跨度如此之大，你究竟是怎麼想的？

阿牛當時眼神很堅定，回答卻很茫然：「我只是想找一個適合我自己的行業。」

什麼是適合？什麼是不適合？判斷的標準是什麼？是薪水，還是未來的發展空

進錯圈子不可怕，可怕的是你沒有恆心。Point

間？遺憾的是，這些問題阿牛全都不知道。

表面上看，換了三個行業的阿牛職業生涯豐富多彩，實際上沒有一個行業肯眞正地接受他，因爲他待不久，無法深入，最後瞭解的都是皮毛。現在，年近三十歲的他，一直在各行業中間穿梭，企圖尋求自己的立足之地，到頭來卻發現無處可去。

隨著行業的進一步細分，圈子也在發生著裂變，原本的一個大圈子，可能會分出好幾個不同的小圈子。這些圈子看似相同，實則有著屬於自己的一套規則，外面的人想進來，即使你是隔壁圈子的，也必須要摒棄不同的部分，遵守人家的規則——否則，你即便進去了，也還得再出來。

**並不是每個圈子都適合你，只有進對了圈子，才會對你有真正意義上的幫助。而自己究竟應該進哪個圈子，有沒有進對圈子，就需要你自己來揣摩了。**

進錯圈子不可怕，可怕的是你沒有恆心，每個圈子都玩了一遍，結果哪個圈子都不要你，到最後，你就只有仰天長歎的份了。

## 只有跟對人，才能做對事

有人跟我說過，有德有才的人不一定能成功。

我同意他的說法。一個人的成功要具備很多因素，包括出身背景、個人的努力以及把握機遇等。還有一點最容易被人忽視，那就是你是否跟對了人。

有句話是這樣講的：你是誰並不重要，重要的是你和誰在一起。

一位擔任某富商二十年的祕書決定辭職去環遊世界。走之前，富商念及這二十年來他對待工作的兢兢業業，打算給他兩百萬元，讓他安度晚年。

沒想到，祕書卻拒絕了，理由是：他現在有五千萬元了，不需要這點錢。

富商很納悶，困惑不解地問道：「你一個月的薪水加獎金不過就拿幾萬元，怎麼可能存那麼多？」

祕書說：「我跟著您去參加會議，看哪個地段的房價好，我就買一間房；您買哪檔股票，我就跟著買哪支；前幾年您投資網路，我也投了一部分，現在那家公司運作得很不錯，我還是股東之一。所以，我現在就有了五千萬元。」

跟著什麼樣的人，做什麼樣的事。你跟的那個人能看到的高度，你可能一下子達不到，但至少你會找對方向。

在職場中，除了努力之外，是否能跟對人，對你的職業發展至關重要。

很多人覺得助理是一份最沒有技術的工作，未來的發展也不見得有多好，升遷機會更是少得可憐。其實不然，很多高階主管或是老闆，曾經就有當助理的經歷。

艾莉的第一份工作是銷售助理，第二份工作是總經理助理，第三份工作是某集團中國區副總裁。她是我認識的朋友中職場晉升最穩且最高的人。我曾問過她關於職場成功的原因，她直言說，這要歸功於她的前兩任上司。

艾莉的第一任上司是邁克，一個有著華爾街工作經歷的青年才俊。當年競爭銷售助理的有三位，艾莉的條件並不算突出，至於邁克為何選了她，這要得益於面試前的那團衛生紙。

Point

是否能跟對人，
對你的職業發展至關重要。

當時，剛到公司的艾莉碰上一位還在打掃的阿姨，阿姨收拾好垃圾準備離開，卻不小心把其中的一團衛生紙落在地上了。不少工作人員從那團衛生紙旁經過，都跟沒看見一樣，唯有她蹲下撿了起來，然後小跑著追上阿姨。

艾莉穿著高跟鞋跑起來很不給力，但她很有禮貌地把衛生紙扔進阿姨手中的垃圾桶，然後跟阿姨對視一笑。

這一幕恰巧被經過的邁克看見了，而那時艾莉並不知道這個人就是即將要面試她的考官之一，她更不知道，自己會爲這個人工作三年。

艾莉成爲銷售助理後，主要的工作就是彙報資料、安排會議室、發布會議紀錄、安排邁克的工作日程等。那時，她才剛開始工作，很多工作細節都不明白，是邁克一手教她的。好在她聰明、領悟力高，只用三個月就適應了所有的工作。不過那僅僅是白紙黑字上的工作。

助理這個工作可大可小，要看做事的那個人是懷著怎樣的心態。原本，艾莉也是個只把目光放在工作本份上的人，但不久後，邁克的一個問題提醒了她——那是在一次銷售會議結束之後，邁克就會議上提出的一個難點詢問她的看法。

這問題把艾莉問倒了，一時半刻答不出來，尷尬得很。

邁克倒是脾氣很好，要她回去好好想想，明天再給他一個答覆。

那註定是個不眠夜。因爲這個難點，艾莉把會議上討論的所有問題全都記在腦子裡，有不明白的地方她還去請教各領域的業務員。這樣忙碌了一晚上，她方才有了自己的想法。

第二天，艾莉戰戰兢兢地把自己的看法彙報給了邁克。

邁克依舊面無表情，不說對，也不說不對，讓她心裡沒個底。

還好，邁克至少沒有皺眉，他只是淡淡地點了點頭，叮囑她說：「以後就這樣，每次開完會，除了會議紀錄，妳都要整理一份自己的方案出來給我。」

艾莉叫苦連天，覺得自己不過是個小小的助理，薪水這麼少，卻要做這麼複雜的工作。她一時無法接受，卻又礙於邁克是上司，不敢不做，而且還做得很認眞。因爲，每一次邁克都會在她的郵件下面寫一段很長的評語，有時是中文，有時是英文。

就這樣，艾莉在悄無聲息中逐漸掌握了整個銷售部的運作，不僅僅是會議上的問題，就連如何與客戶談判、怎樣具體談價格，她都學得一清二楚。

慢慢地，艾莉成爲邁克出差時的代理人，還會代表他去參加主管會議。她懂的越來越多，在工作寬度的駕馭上也越來越深。

就當艾莉以爲自己會一直這樣工作下去的時候，邁克卻要離開了。離開之前，在邁克的極力引薦下，艾莉成了總經理助理。她這才發現，她對邁克不僅僅只有埋怨和不理解，原來還有不捨和感激。

總經理羅伯特是個美國人，因爲常駐中國，中文說得還不錯，如果不是遇到緊急情況，他平時說的都是中文。

羅伯特和邁克是性格截然相反的兩種人。邁克平時不怎麼喜歡說話，更不會開玩笑，卻能在客戶面前侃侃而談。羅伯特則是個善談、不把工作當作一切的人，最重要的是，他不講究什麼工作方法，只要結果。

熟悉了對什麼事都有清晰看法的邁克，對於這個不按常理出牌的羅伯特，艾莉還眞是應付不來。比如，邁克只喜歡喝黑咖啡，羅伯特對拿鐵、摩卡、焦糖瑪奇朵都可以，有種跟著感覺走的意思。再比如，給邁克的報告字體一定是Arial，給羅伯特的分兩種，PPT用Arial，Excel用calibri。

羅伯特起初對艾莉並不完全信任，儘管他曾經在主管會議上聽過她的報告。不過，這種狀況在她做了一年之後就沒有了。

因爲，他在艾莉身上發現了很多優點：她的觀察力很強，可以根據他當天的臉色來判定當天幫他煮哪一種咖啡；她的報告做得很仔細，有些不重要的或是有衝突的事，會做出兩到三個方案讓他選擇。

還有，她的英文還算說得過去，儘管發音並不算特別標準。更難能可貴的是，她有一種全域觀，這是羅伯特在上一任助理身上沒看到的。因此，他很看重艾莉，有意栽培她。

羅伯特開始帶艾莉出席一些重要的場合，給她看一些最新的產業文章和分析資料，還送她去美國總部接受高端培訓，鍛鍊她的口才。如果說邁克幫艾莉打下了一個堅實的基礎，那麼，羅伯特就是那個幫她添磚加瓦的人。

羅伯特爲艾莉帶來的是思維上的改變，她的眼界更廣了，能想的事和能做的事更多了；交際圈廣了，她逐漸在自己身上看到了很多種可能性。

艾莉爲羅伯特工作了八年，無論是個人能力還是財富積累，都有了不容小覷的增長。當她發現自己不能再爲羅伯特做什麼的時候，她選擇了離開。

三十歲出頭的艾莉，應邀成爲某跨國集團中國區副總裁，是該集團史上最年輕的女性高級管理者。而她能得到這個職位，離不開邁克的訓練，離不開羅伯特的引導，他們讓她坐上了一艘通往成功的火箭，快而準。

有人說艾莉很幸運，剛進職場就遇到欣賞自己的人，但對於大多數人來講，這種情況實在是太少見了。也許，你無法選擇你的第一個上司，但並不代表你無法選擇第二個、第三個。

跟對人，就好比遇上了伯樂，他能看出你的潛質，從而指點你、調教你，助你成功。很多有才華、有能力的人最終無法施展抱負，淪爲平庸之輩，究其原因，就是沒有跟對人。

這就好比諸葛亮之於劉備，姜子牙之於周文王，韓信之於劉邦，就連曾經飽受爭議的陳平，也是爲了求得明主，三易其主，最終在劉邦麾下得以發揮自己的才幹並獲得了成功。

**一個人能力的高低，並不能決定他此生的命運**，但如果你跟對了人，這個人就好像是你職場路上的一盞燈，他會幫你照亮前方的路，當別人還在迷茫不知何處去的時候，你可以早早地收拾好行囊，朝光亮的地方走去。

他還可以帶你進入圈子，在圈子裡認識更多的業內精英，從而讓你變得更加專業，達到很多人奮鬥一輩子都不一定能達到的高度。

# 跟高學歷的人學挑剔

去年我換了新工作，是一家初創的網路公司。當時看中這家公司的原因有三點：

其一，該公司所從事的領域在國內還處於萌芽階段，很有發展前景。

其二，該公司擁有自主研發的該領域作業系統，即：擁有自己的核心技術。

**其三，該公司從創始人到合夥人，以及幾個為數不多的團隊成員，皆為美國知名大學的博士或碩士。**

有些人可能覺得好笑，這年頭博士、碩士算什麼，隨便一抓都一大把，高學歷並不代表高能力，學理論出身的企業家都太死板，算不上是真正的企業家。

我們姑且不論高學歷是否大多低能力，但我與這幾位高學歷的同仁共事了一段時間後，還真的切實感受到了一些不同。最讓我感受深刻的，就是他們的「挑剔」。

## 一、問問題很挑剔

你眞的會問問題嗎？

在來到這家公司之前，我和大多數人一樣，本著不恥下問的原則，對於工作上的難題，不知道的就問。

這些問題裡，八十％是類似「赤道爲什麼是橢圓的」這種完全可以透過網路就能得到答案的問題，剩下的十五％是由此而延伸出來的問題，最後的五％才是涉及到工作核心的，被稱作有水準的問題。

因爲大家水準都差不多，我也不覺得這樣問有什麼不妥或是不好意思的。但在這裡，我明顯地感到了不同。

如果將問題的難度劃個等級，由高到低分別是A、B、C。我問的問題大多處於C這個級別，而別人卻是A。即便同事和老闆出於禮貌並沒有當面說你問的問題好low啊，可我卻能透過答案深深地感到自己問的問題確實很low。很多時候，我都恨不得給自己一巴掌，罵一句：這種問題都問得出口，蠢爆了！

要是在以前，我覺得問蠢問題也沒什麼，反正要蠢一起蠢。現在則不同，我的集體榮譽感這麼強，怎麼可能只容許別人聰明，就我一個人蠢呢？

不同水準的人，問出的問題自然不同。在跟這些帶著挑剔目光的高學歷者工作了一段時間後，我漸漸地學會了一套問問題的辦法。

如今，我慢慢習慣了一有疑問就先透過網路搜尋引擎解決的辦法。遇到不能百分之百解決的，就根據搜集出來的多方資訊，經過整合處理之後，形成自己的看法，然後再和相關同事探討，得出解決途徑一、二、三來。

時間一長，這種方式就自然而然地成爲一種下意識的習慣，一遇到自己不懂的問題，要先透過自己的方法去解決，繼而得出自己的結論。

這種方式會促進一個人的思考能力，久而久之，便可觸類旁通，在其他事情上也能體會到這種挑剔的好處。

## 二、工作報告要有你自己的「idea」

我經歷過最多的工作報告是實習期每天要有日報，轉正職之後要有週報，然後是月中工作報告、月底工作報告。到了七月份，不只要寫月底工作報告，還要有年中工作報告。好不容易熬到年底，還有一個年終總結。

那時，每個月不是在寫工作報告的路上，就是在寄工作報告的路上。寫了這麼多的報告，從Word到PPT，無論什麼方式、什麼行業，歸結起來，無非四大部分：你做了什麼？成績如何？不足在哪裡？對未來的期許？

大部分人都覺得工作報告是用來應付的，就算寫得再好看，沒業績都是白搭。新老闆很務實，他要的不是對未來的期許，而是你認爲公司在系統設計、流程作業、市場推廣等方面有什麼需要改進的地方？與此同時，還要寫出你的改進措施及看法。

對他而言，最想看到的不是你的PPT做得有多好看，也不是你寫了多少頁，而是你爲了這項工作做了哪些思考，是不是有自己的想法，而不是人云亦云。

表面上看，這似乎脫離了本職工作，但老闆就是要將你和公司的前途掛鉤。老闆希望看到你對公司的思考，希望看到你除了本職工作之外還能爲公司做些什麼，說好聽點，那是在訓練你以高層的思維去思考公司的命運；說白了點，就是要你對公司有忠誠感和歸屬感。

## 三、跟「我不想」和「懶得做」say goodbye

從小到大，我嘗試過很多事，卻大多因爲「不想做」和「懶得做」夭折了。

比如，因爲工作的需要，我下定決心要好好練習英語口說，並規定自己每天要抽出一個小時學習。其中，半小時聽ＢＢＣ，半小時跟讀。

當第一天圓滿完成任務時，我的內心開滿了小花。然而，第二天我就因爲懶得讀而把學習時間縮短成半小時。第三天，乾脆就忘了。

結果，某天公司突然有外國客戶來訪，需要切換英文模式的時候，我才猛然想起那年那月那日想要練好口說的決定。

同樣學的是語言，同樣是每天一小時，新同事Gabby則不同，她能在一年後和法國人面對面聊天。我由衷地佩服她，跑去問她有什麼訣竅。她笑著對我說：「訣竅就是把你的計畫嚴格地執行下去，不管發生任何事！」

另一個同事Lucy告訴我，Gabby讀書的時候就是這樣，研究所一年級的時候想去學拳擊，比較過附近的幾個健身俱樂部後，她就報了名。一開始很累，她打得手臂都抬不起來。

那時候，Lucy勸Gabby放棄吧，只把拳擊當作一項娛樂活動就好了，不必這麼認眞。Gabby沒有聽，每天仍按時去學。有次下大雨，天氣特別冷，晚上的課都停了。即便如此，她還是去了。據說，那天去拳擊館健身的只有她一個人，連教練都請假了。

我聽後恍然大悟，難怪公司裡的男士都怕Gabby，想必她的拳擊一定打得不錯。

但我好奇的是，Gabby難道就沒有不想去，或是倦怠的時候嗎？

她聽了之後，表情很平淡地說：「當然會有。畢竟我也是個平凡人，誰會沒有惰性呢？但我就想啊，我今天不做了，明天是不是要完成雙倍呢？如果明天也沒做，那後天就要完成三倍。如此下去，倒不如今天就做完。」

其實，我們之所以做得不夠出色，之所以抱怨重重，就是因爲我們對這個世界太挑剔，對自己太溫柔。如果反過來，我們對自己挑剔一些，一旦有了計畫，無論颳風下雨還是感冒發燒，都會堅持做下去，那時，世界才會對我們溫柔以待。

我按照Gabby說的重新撿起英文，先給自己定了一個小目標：堅持一週。出現任何「我不想」或是「懶得做」的時候，就暗示自己不學不行。我發現最難的時間是第三天和第四天，只要熬過去，後面就沒那麼難了。

## 四、眼界再寬一點，思維再闊一點

在同行還在透過郵件來處理客戶問題的時候，我們已經有了一套屬於自己的作業系統。該系統不僅可以很全面地解決客戶的疑難雜症，而且時效高、出錯率低，別人一個多月才能完成的單子，我們在一週內就可以完全處理好。

現在，這個作業系統依舊在不斷地完善和改進中。未來，它的功能將愈加強大，並趨於人性化。

有一次，跟老闆開電話會議，他希望我不要將眼界只放在目前這一小塊工作領域。如果我只盯著手裡的這些工作，就算我做了十年，會的還只是這一塊，我的能力也就僅限於此，沒有其他突破。如果我能在業餘時間盡可能地查看產業資料，瞭解產業動態，不僅可以發現別人發現不了的機會，也會增進自己的大局觀。

李尚龍說：我們要做創造平臺的人，而不是選擇平臺的人。

這句話令我感觸深刻。如果你只是侷限在自己現有的領域，對你的思維和未來都將是一種束縛。與其被平臺選擇，不如自己創造平臺去選擇別人。

只有掌握主動權，未來才可能有話語權。這便是大局觀。

有人說，讀了那麼多年的書，能有什麼用？這就是用處。

做同一件事，一般人的思維只停留在 a，而多讀了幾年書的人就在 $a^2$，甚至是

**Point**

我們對自己挑剔一些，
世界才會對我們溫柔以待。

$a^3$。思維方式不同，知識厚度不同，決定了他們做事方式的不同，以及結果的不同。

同樣是開公司做生意，同樣是爲了賺錢，但對於老闆來說，除了賺錢，想要的會更多。他們想做最有價值的公司，想做最不可替代的公司，在這個功利化的時代如獨角獸一般特立獨行。

事實上，能把書讀到一定的水準，他們首先就擁有了常人無法達到的毅力，以及克服困難的決心。與其說他們在不斷地挑戰比自己還優秀的人，不如說他們是在不斷地挑戰自己。

我們常說，要多跟優秀的人在一起，你才有可能成為優秀的人。與人相處，要多看他們的長處，和高學歷的人在一起學習挑剔自我，你會自然而然地發現自己的缺陷，從而不斷地自省、改進。

漸漸地，你會發覺原來自己也可以變得更好。

Point

我們要做創造平臺的人，
而不是選擇平臺的人。

# 工作不養閒人，團隊不要懶人

蘇荷是從小和我一起長大的玩伴，長相甜美，笑起來有兩個酒窩。在我小時候，她一直是罩著我的那個人。那時，村裡有四、五個小夥伴經常聚在一起玩遊戲，拼輸贏，我總跟在蘇荷的屁股後面，因爲跟著她總能得第一。

蘇荷比我大半歲，身材比我高大，她一頓飯的食量跟我一天一樣，因此，她力氣特別大。

在沒有性別之分的小時候，如我一般的弱者一定得找個強者，所以，蘇荷就是我的保護傘。當然，我也有自立自強的想法，只是一直沒成熟，也不知道該怎麼變強。因爲，無論我怎麼努力，一餐也吃不下兩碗飯。

於是，蘇荷對我說：「妳別吃了，我去哪都會帶著妳，別怕。」

有一天，蘇荷和我爲了爭第一，跟一個男孩子起了爭執，蘇荷很是生氣，上去推了一下那個男孩子。男孩子精瘦得跟火柴棍一般，對蘇荷很不服，他乘蘇荷不備上前踢了她一腳，踢完就跑。

蘇荷和我就追在他後面。我沒什麼用，跑了幾步就感覺心臟要跳出來了，步伐漸漸地慢下來。蘇荷還是不屈不撓地追去了。

我看著蘇荷的身影越來越遠，心慌了，轉頭跑了回去。剛好蘇荷的媽媽正在和我媽一起織毛衣，我便把剛剛發生的事跟她們說。蘇荷媽媽立刻就生氣了，放下毛衣，直奔蘇荷的方向尋去。

我忐忑了一個晚上，次日才得知蘇荷扭傷腳的消息。

其實，蘇荷不只腳扭傷，臉上也掛彩，剛長出來的新牙也掉了一顆。當時我看著她，問了一句話：「痛嗎？」蘇荷看著我，眼淚流了下來。她說：「幹嘛要爭第一？」

這事給了蘇荷一次大大的打擊，原本爭強好勝的她再也不爭第一了。而這個想法，還逐步滲透到她的學業和未來的工作。

讀書的時候，她跟我說：「考第一有什麼用？」開始工作之後，她又對我說：「業績第一有什麼用？」

讀書的時候，我聽了蘇荷的話會心疼，我說：「蘇荷，妳是不是被小時候的那次經歷影響得太深了？其實，那只是一次小吵架。讀書的確不是只爲了考第一，但至少這是個目標，有目標就有動力，有動力才能考好成績，才能上好大學。妳難道不想上好大學？」

蘇荷搖搖頭說：「好大學和壞大學的分別在哪？不過就是名氣比較大，老師比較好，但學習是自己的事，別人幫不了你什麼。既然如此，又何必專心致志地考好大學呢？」

我不得不承認，蘇荷的邏輯有點神。有段時間，我還曾被她這番言論「洗腦」了，但後來我們搬家了，雙方的聯繫也就少了很多。我後來沒有受她影響，繼續在學校裡爭第一，之後輾轉得知她的消息：她上的大學不好不壞，學習成績不上不下。

我曾以爲，蘇荷得過且過的心態全都是受了小時候那次吵架的影響，之後我才明白，那不過是她的藉口。

工作後，我和蘇荷有緣在同一棟大樓裡工作，有時會約出去一起逛街、吃飯。可時間一久，我就不想再跟她出去了，因爲每次跟她聊天，我都不太能認同她的想法，她覺得：工作不過就是工作，有合約約束著，只要不出錯，老闆不能拿我怎麼樣。

可這種想法跟我的初衷截然相反。我想要的，不光是每個月幾萬元的薪資，我希望可以在工作上發現自己的價值，希望自己做出一番大事業，讓老闆器重，讓客戶滿意。因此每次跟蘇荷聊過之後，我就會很消極，覺得自己做的一切都不值得。

我討厭這樣的自己。

和蘇荷漸漸疏遠之後，某天我在樓下的咖啡廳裡碰到一個人，那個人驚訝地指著我，一下子就叫出了我的名字。這回輪到我驚詫了。對方笑說，她是蘇荷的同事，之前總看見我和蘇荷在一起，因此認得我。

我們隨後在咖啡廳找了個位子聊起來，談的話題基本上都是蘇荷。

同事一臉惋惜地對我說：「我眞是不知道蘇荷到底怎麼想的。高層好不容易給了一個升遷的名額，讓他們部門自己競爭，看誰有本事誰就做主管。平時，我見蘇荷有一搭沒一搭的，以爲她是在等機會，結果機會來了，她還是無動於衷。」

從同事口中得知，蘇荷不僅消極地對待工作，更消極地對待這次的升遷競爭。在她的意識裡，自覺根本就沒有爭的必要。因爲已經有了這種想法，她又怎麼可能有積極的行動？

或許，在她看來，工作就是用來維持生計的，不需要爭第一，不需要爭取客戶，也不需要升職加薪。她覺得一個資深的、即便不是管理職位的人，在公司裡也同樣會得到他人的尊重。

蘇荷從來不早到，也從來不加班，回到家就看電視劇，因爲無欲無求，所以也就得過且過。如此一來，更沒有充電的必要了。蘇荷在自己的邏輯體系裡一天天地過著，日子如流沙般悄然溜走，慢慢地，她脫節了，落後了。遺憾的是，她並不悔改。

噩耗往往就在一瞬間傳來。

得知公司倒閉的時候，蘇荷以爲這是電視劇裡的情節。她睜大了雙眼，看著所剩無幾的同事在收拾自己的東西。那時，她才從自己的幻想裡醒來。

離開公司後，蘇荷心想：天底下的公司那麼多，又不是只有這一家，這家沒了還會有下一家。於是，三十多歲的她開始走上漫漫求職路，只不過，履歷投了很多，卻很少得到回覆。

接下來的三個月裡，蘇荷不是在準備面試的路上，就是在通往面試的路上。每間公司都會看求職者在上一家公司的表現和業績，但蘇荷在這方面絲毫不佔優勢。

這期間，蘇荷遇見之前的一位同事，得知對方已經找到新工作，而且公司規模比上一家還大時，她眞的是一臉羨慕。之後她才知道，最後走的那幾個同事裡，總經理依據個人表現幫其中幾個人寫了推薦信，而那位找到一份不錯工作的同事，正是擁有推薦信的其中一位。

即便蘇荷嘴上不說，但她還是無法掩飾懊悔不已的心情：如果那時她努力一些，如果那時她敢想、敢拼，如果那時她眞心對待這份工作……然而，沒有如果。

事實上，職場裡並非只有蘇荷這樣一個例子。很多人抱著混日子的念頭，在自己的工作崗位得過且過，還美其名曰「淡泊名利」。然而，不思進取才是最適合他們的詞語。

也許，他們曾經努力過，但因爲沒有看到結果，或是得到一個和預期相反的結果，於是便不再奮鬥，不再上進。他們把一切都歸結在其他因素上，認爲自己的「無爲」其實是大智慧。

殊不知，那些被他們怠慢過的時光，最終會辜負的只有他們自己。

我時常會把曉楚的故事講給想要放棄奮鬥的年輕人聽。

曉楚是好不容易才進我們公司的，因爲她學歷低，只有高職畢業，公司原本不想錄取她，但她很勤快又靈巧，主管便給了她一個前臺的位子。

但曉楚不把自己只定位在前臺上。那次我發現她在準備大學考試的時候是中午時間，那天我剛好比較晚離開，就看見她吃著速食看英文書。

我對她說：「妳想用功也不差這一個小時，好好地去吃頓飯豈不是更好？」她笑呵呵地對我說：「不必了，反正在外面吃也差不多。」

那時，曉楚並沒有走入我的視線，她眞正讓我刮目相看是源於公司人事部的一次招聘，因爲她居然想試試。

當時，曉楚已經拿到了大學同等學力認證，照理說她是有資格的，但在衆人眼中，她還是那個學歷不起眼的高職生。不少人在背後說她的風涼話，說她這樣的還想爭。但不管別人說什麼，曉楚就是不肯退卻。意外的是，她還眞的通過了考核，從前臺變成了行政助理。做行政助理的那三年裡，她又考上在職研究所，即便是學業最忙的時候，她的工作進度也沒落後。

有一次，我問她：「妳爲什麼這麼拼呢？」

曉楚說：「之前我年紀小不懂事，浪費了很多時光。後來，我不想再那樣過了，也想給自己爭口氣，於是就……」

我打斷她說：「可是，妳要知道，即便妳拿到了研究所畢業證書，即便妳賣力

Point

那些被他們怠慢過的時光，
最終會辜負的只有他們自己。

地工作，老闆也未必會幫妳加薪，未必會提拔妳。」

曉楚點點頭說：「妳說的沒錯，努力了不一定有結果，但如果不努力，就一定沒結果。不管怎麼樣，我只想利用好每一天去做我想做的事，爭取我想得到的東西，至於結果，沒那麼重要。」

結果並非不重要，它可能會在別的方面體現出來，也可能會推遲。

從根本意義上講，在公司裡爭第一和在學校裡爭第一是一脈相承的。

你得到「優秀員工」的稱號，可能就只有一千元的獎金；你拿了業績第一名，可能就比別人多出幾千元的獎金。表面上看，這沒什麼值得爭的，但如果你肯去爭取，你眞正得到的遠不止這些錢，還有處理問題的方法、業務能力的增強，就算以後離開了這個平臺，你還可以在其他任何一個平臺上施展抱負。

既然想要更好的人生，就必須敢想、敢爭。

想要更好的人生，就必須敢想、敢爭。 Point

# 不要讓所謂的光環將你套牢

學妹M在臉書上跟我抱怨：她覺得自己出身知名大學，又是碩士，憑什麼要當大學生的下屬。而且工作枯燥乏味，很單調。她十分擔心自己聰明的大腦被這種毫無前途的工作所累，最後成爲「腦殘」。

這話雖然有調侃的意思，卻也眞實地反映了M當下的心態。雖然她已經步入職場一年多，但她還是放不下過去的輝煌歷史，她從骨子裡看不起自己的上司，覺得自己比人家學歷高，能力自然也就比人家強。

然而，事實眞是如此嗎？

未必！

既然對方能成爲你的上司，他就必然有可以支撐他居於高位的能力。而M會這麼想，顯然是被自己出身知名大學這層光環給套牢了，以至於自傲到目中無人。

無法忘記曾經的榮耀，就沒有辦法融入現在的生活。可以肯定的是，如果M一直這樣想，那麼她未來的職場生涯讓人堪憂。

M的抱怨，讓我想起一位前不久還在朋友圈感慨人生的好友唐怡。

那天，在朋友圈裡一向生龍活虎的唐怡，發了一張愁眉苦臉的自拍照：噘著嘴，眉間皺成一個川字，又大又圓的兩隻眼睛瞪得跟銅鈴似的；暗黑背景下是一張白得嚇人的臉，幾縷碎髮散亂地垂在臉上。

冷不防一看，還以爲這是某恐怖片的海報。我在下面留了一則關切式的問候，不一會兒，唐怡直接私訊我：瓊華，我不開心。

在這之前的十幾年裡，唐怡這個名字是跟「優秀」綁定在一起的。

讀書的時候，作爲別人家的孩子，唐怡一直是我父母拿來教育我的典範。跟她當了十年的同學，我總能在校刊裡看到她寫的文章，總能在學校舉辦的大小活動上聽到她發言。

最關鍵的是，她每天很忙，卻還能參加奧林匹克數學競賽，會考時是全年級寥寥無幾拿到滿分的學霸之一。

那時，唐怡驕傲得就像一隻孔雀，她不僅是家裡的天之驕女，更是學校裡的大紅人。那時，我連做夢都想成爲她。

當我費盡九牛二虎之力考上大學後，唐怡則如願以償地邁入某知名大學的經管系。我以爲她進入人才濟濟的知名大學後，光芒會暗下去，不會再那麼驕傲，沒想到，她的多才多藝在那裡得到了充分的發揮，入校沒多久就成了大紅人，次年就當上了學生會會長，風頭更盛。

我唯一慶幸的是，自己終於不用再和她當同學了。

唐怡順利地拿下名校的畢業證書後，考上了公務員。做了一年多公務員之後，她發現自己志不在此，她想趁年輕出去走走。於是，她毅然決然地扔掉了鐵飯碗，埋頭準備考雅思。半年後，她申請到了去英國留學的資格。在唐怡留學的歲月裡，我每天睜開眼最想看到的，就是她在臉書上分享的留學經歷。

不同於其他出國旅遊或是留學的人，唐怡總是刻意不去講課業有多繁重，也不單純地去拍異國風情的照片，而是將她走的每一個地方寫成一段小故事，然後穿插兩、三張照片。

照片拍攝得很有文藝氣息，與她的文字相得益彰。後來，她趁空閒時間將其整理成書，被國內的出版社看中，得以出版。該書上市之際，正是她回國之時。

頂著無數光環的唐怡回國後，進入了邀請她的網路公司。因受上司器重，她幹勁十足，而她過往的經歷變成各種美麗的標籤，跟著她到處行走。她很享受這種萬眾矚目的感覺，那段時間，她在臉書上曬的是各種高檔飯店以及各種我想見卻沒資格見到的大人物。

就在我以爲唐怡的人生會一直這樣開掛下去時，有一天，她突然發了一張印有公司Logo的圖片，文字配的是「離別」。

去問唐怡後才知道，那個特別欣賞她的上司離開公司出去創業了。人家本想帶她一起走，但她覺得創業不穩定，婉拒了。讓她沒料到的是，上司一走，連帶著把她的運勢也帶走了。

一朝天子一朝臣，此話在職場上同樣適用。

新上司的做法截然不同，不僅全盤否定了尚未開始的專案，對唐怡也充滿了質疑。他們在行事作風與工作方式上出現了極大的分歧，加上唐怡自視甚高，口無遮攔，幾次頂撞新上司，弄得對方十分不滿。這帶來的最直接效果就是：唐怡的獎金少了一半。

不僅如此，原本說好的升遷計畫也夭折了，公司要調唐怡去另一個相對清閒、不重要的部門裡去。一氣之下，她遞出了辭職信。

唐怡在臉書上對我訴盡苦水，她認爲那個新上司分明是針對自己，覺得自己是前任的下屬，一直不信任自己，做任何事他總是雞蛋裡挑骨頭。

我想，每個人的性格不同，做事方式自然就不同。每個下屬都要有一段和新上司磨合的適應期，而要經過這段磨合期，就必須有人做出妥協。作爲下屬，難不成還想讓你的上司去適應你嗎？

於是，我勸她請新上司吃頓飯，聊一聊，說開了，也許問題就解決了。

唐怡生氣道：「哼，我才不要跟他一起吃飯。我走了，看他怎麼在短時間內找到接替我的人。」

這一次，新上司又做了件讓唐怡倍感意外的事，在她還沒徹底離開的時候，新上司就找到頂替她的人。這事成了她輝煌前半生的唯一敗筆，她一直對此耿耿於懷，但她心高氣傲的性子並未因此有所收斂。

離職已經大半年，唐怡一直沒能找到適合自己的新工作。面試過的幾家公司，不是認爲她提的薪資高，就是無法滿足她的職位要求。接二連三地被拒絕後，唐怡困惑了，她想不通：自己這麼優秀，有過那麼出色的成績，爲什麼還會被拒絕？

她不知道，就是因爲她放不下曾經的成績，一貫地自視甚高，從而掉進了由這些成績裝飾而成的漂亮圈套裡，她深陷其中，想出去卻又捨不得，可不出去就只能被套著。

頂替唐怡的人叫蘇晴，如果不看她的履歷只看她的外表，你會輕率地以爲她很普通。這個錯誤我當年就犯過。當時，作爲供應商的業務專員，蘇晴到我們公司談訂單，而我正是那個訂單的負責人。她那不足一百五十五公分的個子，讓我優越感倍生。結果，兩個小時的會議下來，她徹底改變了我對她的印象。

蘇晴邏輯思維清晰、談吐不凡，對我提出的問題甚至刁難，表現得不卑不亢。原本，我想借訂單中的突發事故將她一軍，沒想到，她認眞的態度和快速的反應能力並未讓我得逞。

最終，我們按照她提出的解決方案達成新的協議，愉快地化解了危機。

會議結束後，我特意去瞭解了一下蘇晴，從而發現：跟唐怡相比，她的履歷眞是有過之而無不及。與唐怡不同的是，同樣光環加身的蘇晴每當遇到新任務，她就會忘記頭上那可以閃瞎人眼的光環，然後從零開始。

蘇晴並不是新上司帶來的人，而是從另一個部門調來的。她報到的第一天，新上司不明所以地問她：「我聽說妳的工作能力和妳的學習能力一樣出色，爲什麼妳剛才完全都不提？」

蘇晴回答道：「那些成績都是過去的，過去的成績只能說明我對工作的態度。現在，我要面對的是全新的工作，而每項工作都有區別。至於我的能力，相信在今後的工作中我可以讓您看到。」

新上司可不是一個好糊弄、喜歡聽下屬發表豪言壯語的人。但有一點，他還是很欣賞蘇晴的，那就是她態度很正確，對工作的認識、對自我的認識很正確，最關鍵的是，她的應變能力夠強。其實，在職場中不一定只有換一家公司才是換一個環境，很多時候，換一個上司也就等於換了新環境。誰能最先放下從前的工作模式，調整心態，誰就能很快地做出成績，讓你的新上司眼前一亮，成爲下一個紅人。

之後的工作中，新上司更發現，蘇晴是一個懷有謙卑心態的年輕人，儘管她有很多值得稱讚的成績，但她從來不提。遇到自己不確定的事，即便是比自己職位低的人，她也會放低姿態去請教。

漸漸地，原本對業務相對生疏的蘇晴很快掌握了工作要領，做起事來遊刃有餘，很得新上司的器重。

在一次小聚會上，新上司和蘇晴聊了一會兒。他告訴蘇晴，原本他是很看重唐怡的，但她氣焰太旺，過於自以爲是，這對將來的工作開展很不利。於是，他暫停了她的升職，還削減了她的獎金，調她去另一個部門。

他的眞實目的不是爲了懲罰她，而是想讓她全面地熟悉公司的運作，爲她的升遷增添一道籌碼。可惜的是，唐怡會意錯了，再也回不去了。

我把唐怡和蘇晴的故事講給剛從大學畢業走向社會的學妹M聽。她聽後，沉默了很久。對唐怡來說，她過去的業績只是曾經，它只代表你曾經很優秀。對初入職場的M來說，知名大學和研究生學歷也是曾經，它只代表你學習能力很強。而在新環境下，一切將是另一種考驗。

每個人都有屬於自己的光環，如果只是一味地懷揣著過去的成績不放，姿態高昂，對將來的自己只會是一種束縛。

**唯有放下光環，時刻接受新挑戰，才不會被淘汰。**

Point

過去的業績只是曾經，
它只代表你曾經很優秀。

# 爭做職場裡的「吹毛求疵者」

先出一題選擇題給你：下面兩種人，你會選擇讓哪一位升職？

**❶同事眼中的老好人，跟同事關係相處融洽，很好說話，專業能力不錯。**

**❷同事眼中的「吹毛求疵者」，對人要求嚴苛，他的專業度在領域內為NO.1。**

不要急著選答案，我們先來看一則故事。

五年前，安琪和羅飛一同被雜誌社招來做助理編輯。如今，兩人都成了社裡的資深編輯，只不過，相比受歡迎的羅飛來說，安琪似乎並不被大家喜歡。但凡提起安琪的名字，大家就會把她跟「愛挑剔」、「不隨和」、「一板一眼」這樣的詞語掛鉤，有時大家聚會也不會邀請她去。

倒是羅飛，從一開始就深得大夥兒的喜歡，她不僅乖巧，還樂於助人，比如爲大家買下午茶，再如出遊回來送給大家一些當地的特產，有時候若是誰有急事，她還會主動幫忙處理。

總之，說到羅飛就是有口皆碑。而且，她的專業水準也不差，靠的是眞本事，在雜誌社裡的人氣非常高。

後來，社裡的副主編離職，急需一位有經驗、有才華的人塡補這個位置。一開始，社裡決定外聘，但面試了幾個人都不甚滿意，於是打算在內部競選。

得知這個消息後，雜誌社內部氛圍雜亂，大家在背後開始議論紛紛。編輯部有三個人，羅飛、安琪和卓琳。大家認爲，卓琳即將去待產，副主編應該不會是她。於是，這個名額落在羅飛和安琪的頭上。

聚會時，大家都說此位置非羅飛莫屬。羅飛當時嘴上謙虛，心裡實則樂到心花朵朵開。誰知，新任副主編的居然是安琪！

一時間，大家都驚呆了，紛紛嚷著這裡面有黑幕。

安琪上任的第一天，大家因爲心裡不服而沒給她好臉色，工作上也是百般推託，不肯好好做。社裡壓了一大堆的稿子，沒人能給個審稿結果。

卓琳去請產檢假的時候，剛好跟主編提起此事。主編聽後，頓時臉沉了下來：

「他們想做什麼？這裡是雜誌社，不是兒童樂園。人事任命又不是比誰人氣高，簡直就是胡鬧！」

卓琳是雜誌社的「老人」，跟主編也有些私交，既然他都說到這裡了，她也就把自己的心裡話說了出來。她問道，她不明白主編為什麼會讓不太受歡迎的安琪升職，而不是資歷、能力和口碑都不錯的羅飛。

主編長嘆一聲，說：「妳這話只說對了一半。羅飛和安琪在社裡的年資相同，能力卻並不相當。我問妳，在發掘作者和優質稿件上，她們二人誰厲害？」

卓琳想了想說：「羅飛發掘了不少作者，但在成績上卻不如安琪。不過，安琪這個人本身就膽大，不按常理出牌，她經常連招呼都不打就去跟作者面談。她還對已經設計好的封面多次挑剔，她做的書哪一次不被修改個十幾遍？就連顏色和邊邊角角的地方都挑。這太讓人受不了了。還有一次，原本是其他同事的作者，都過了終審，她卻在會議上提出不能做這本稿子，這不是害人嗎？」

主編反問：「後來呢？那本稿子是不是的確不可以出版？」

卓琳傻眼了，一時無語。

主編繼續說：「妳說的沒錯，安琪的確我行我素了些，但她對出版業的政策、稿件品質以及圖書宣傳的把握都有一套獨特的方法。而且，事實證明，她的方法行之有效，她策劃的那幾本書，一直是社裡最暢銷的，這一點可是羅飛做不到的。」

卓琳一聽，這才明白主編為什麼會讓安琪升職，而不是讓羅飛升職的原因。

主編又告訴她一些不爭的事實：其實，他也並不喜歡安琪這個人，她多少有些恃才傲物，不把社裡的規矩放在眼裡。平時，她也不懂得維繫同事之間的關係，對同事出現的問題和錯誤，也從來不會妥協或是私下裡婉轉地說，即使在會議上，也總是不顧情面地駁斥對方的想法。林林總總下來，安琪的確不能算是一個很好相處的同事，但也正是因為她的專業過人，才會有這樣的自信去挑剔別人；也正是因為她敢想、敢做，才最有資格去做副主編，帶領大家做出更好的書來。

英國雪菲爾大學的研究人員透過分析個人品質對生產能力和薪酬的影響後，得出這樣一個結論：友好待人的員工，比那些不太討人喜歡的同事收入更低。雖然他們工作認真，但從不主動要求加薪，他們過分注重團隊合作，一心只想討別人喜歡。研究還發現，受人歡迎的員工，在團隊合作中更容易取得成功，但對於他們的個人表現卻有三個不利影響：

首先，他們幫助他人，可能會降低個人的工作效率。
其次，他們要求提高工資時，可能無法取得實質性進展。
再者，他們可能會進入不太穩定、工資較低的崗位。
前同事李冉，就是一個受歡迎的標準職場人士。那時，她在公司裡做外貿業務，雖然不算是業績最突出的那個，但至少也能排前三名。
李冉對工作兢兢業業，從不敢懈怠。曾經有一次，她發高燒到三十八度，依然堅守在崗位上，處理客戶的退換貨問題。
她在公司裡的外號是「萬事通」。大家之所以幫她取這個外號，一來她在公司待好幾年了，屬於資深員工；二來她對業務十分嫻熟，但凡大家有不知道怎麼做的事，問她一定能立刻給出答案；三來她古道熱腸，要是有人請假需要她代班，她來者不拒，而且還幫你做得穩穩當當。
試問，這樣的人誰會不喜歡？
然而，就是這麼好的一個人，最後居然被公司資遣了。
得知這件事的時候，我已經不在那家公司了。但基於那些年的同事之情，我還是馬上去找李冉，跟她瞭解情況。李冉倒是很淡然，彷彿丟掉工作並不是一件多大

**Point** 要成為自己所在領域的領航者。

的事。相反的，她覺得自己做了一件善事。

這件事的起因是公司效益下滑，人力成本過高，爲此，公司決定重組架構，精簡部門和人員。這樣一來，就有不少人要被裁掉。

消息一出，各部門主管就開始上報裁員名單，被兼併的部門要裁掉兩到三人，保留下來的部門也要裁掉一到兩人。很不幸，李冉所在的部門被兼併了，他們部門當時總共有十個人，還包括三個剛畢業的大學生。

原本，像李冉這樣的老員工根本就不可能被考慮進去，沒想到，某天她被叫到了總經理辦公室，主管和顏悅色地跟她講了裁員的事。

她當時還不明白，只懵懵懂懂地聽著，直到總經理說到公司很難，他也很難，現今這個社會，有工作經驗的要比沒工作經驗的好找工作得多。如果一個人很有能力，找個薪水更高的工作也不是不可能。

李冉開始覺得氣氛有點怪，一顆心懸在半空中。她盯著總經理，聽他說：「李冉啊，我知道妳很優秀，在工作上誰都挑剔不了妳。妳是個人才，人才到哪裡都是很受歡迎的。但是小張就不同了，她是個剛畢業的大學生，工作還沒滿一年，抗壓能力也沒妳強，若是丟了工作，再找工作的難度肯定會比妳高。」

Point

先做可以取代所有人的利器，
再做誰都不可替代的神器。

總經理從抽屜裡拿出一個白色信封，遞給李冉，說：「李冉啊，這是我幫妳寫的推薦信。妳看看能不能幫幫小張，畢竟她也是你帶過的人，妳也不希望她失業吧？」

李冉算是明白了，總經理這是讓她行行好，留下小張，自己走。她的心裡是一萬個委屈，一萬個不願意。她想：憑什麼啊？就因爲我有工作經驗，就要去成全一個沒工作經驗的大學生？那我從前的努力付出都去了哪裡？

她從來沒想過，好人緣帶給自己的結果竟然是被資遣。但事已至此，縱然她不情願，也還是硬著頭皮答應了。

李冉告訴我，當她看到小張的笑臉，她才釋然了。

李冉眞的釋然了嗎？不見得。

職場的「吹毛求疵者」，並不是說可以無理取鬧，而是要成爲自己所在領域的領航者，正如《我的前半生》中賀涵對羅子君說的那句話：「先做可以取代所有人的利器，再做誰都不可替代的神器。」

**你該有自己的原則，有自己的底線，職場不是給你當老好人的地方，你要明確自己的目標，從而有所為、有所不為。否則，你的好心可能終將被辜負。**

# 刨根問底是門必修課

公司裡新來的實習生小叢，是個辦事勤快、走路有風的女孩。她長相甜美，聲音也美，讓全辦公室人員很是喜歡。我們不在同個部門，她給我的印象總是一天到晚跑來跑去的那種，很忙，卻又不知道她爲什麼這麼忙。

這個週末我和周琦一起去逛街，其間說起小叢來。我一股腦地誇她，說她長相甜美，辦事俐落，將來轉正職不是問題。

周琦點了點頭，不過言語間還是帶著某種不確定性：「那女孩是不錯，可還是差了一點。」

我困惑不解，並叫她別以職場老鳥的身份去要求一個菜鳥，人家也是需要成長空間的，不能一味貶低。周琦跟我喊冤，說我錯怪了她。緊接著，她便跟我講了小叢的一些事。

按照周琦的說法，小叢這個女孩是夠聰明伶俐，卻有一知半解的毛病，做事情從來不問個徹底，明明有些不懂，可就是不問，要麼就是只問其一，做完後再問其二。如此反覆，也難怪她每天都不停地跑來跑去。

周琦的話讓我想起，之前小叢跟我要過一張銷售資料表，我當時給了她，之後的三個小時裡便收到她不同程度的詢問。

她最先問的是銷售資料表的參考依據，我告訴了她。過了半小時，她又問我爲什麼今年五月份的資料比去年低那麼多，我隨後將原因一一告訴她。大約過了二十分鐘，她的問題又來了，這次問的是資料表裡面的一個公式連結。

我當時手頭還在忙別的工作，實在禁不住她這樣一遍遍地詢問，跟不定時的炸彈一樣，很讓人提心吊膽。後來我實在忍不住了，就索性問她：「還有什麼問題嗎？我一次告訴妳。」

小叢聽出了我的弦外之音，有些尷尬，訕訕地說：「沒有了，謝謝華姐。」

我以爲她是眞的沒有問題問了，結果，一小時後她又跑來了，一臉抱歉地跟我說：「不好意思啊，華姐，請問這個表如何鍵入系統？」

看她那匆匆忙忙、小臉漲紅的模樣，想來她定是被這個問題難住了，又不太好意思問我，就自己一個人琢磨，恐怕是琢磨了一個小時沒琢磨出來，便不得不拉下臉再來找我。那時，我已經忙完了手頭的工作，倒是有時間幫她，但當時我特別想笑，我覺得眼前的她忙得有些可憐。

小叢的忙，不在於她的工作量大，而在於她是個新人，對業務不熟，最關鍵的是，她不懂得刨根問底。

初次接觸「刨根問底」這個詞，是在讀書的時候。父親告訴我：遇到一個難題，要有刨根問底的心思，不能一知半解。否則，就無法做到舉一反三。

這個道理套用到工作上也是一樣的。正所謂，聰明的人會問問題——問問題是門學問，問得妙、問得深，那才是高手。

我自知不是一個問問題的高手，卻見過這樣的高手。

那年，我去上海出差見客戶，對方有位名叫馮穎的主管，就是一位問問題的高手。她有種魔力，一旦她開始提問，你就會有種沒背熟課文、恰好被老師提問的緊張感。

去之前，我就從同事的口中聽說過馮穎的厲害，還以爲那只是江湖傳言，信不得。沒想到，等我和她真的「過招」了，才後悔沒讓嘴巴上一道銅牆鐵壁。

當時，我們是拿著上個季度的專案匯總去做交流彙報的。我是主講者，在我十五分鐘的簡報之後，就是自由問答時間。

一開始，是馮穎公司的其他同事詢問，問題很簡單，可以用一句話就闡述清楚。當時，我看了馮穎一眼，還慶幸自己就此逃過一劫。沒想到，我還沒能笑出口，她就開始對我連珠炮似的「攻擊」。

馮穎先就我們供貨的物流方面問了一個問題，我按照實際情況回答後，她又針對我的回答，質問我們公司之前的斷貨情況。我當時很尷尬，想用官方的、略有些模糊的說辭蒙混過關，沒想到，她再次向我拋出一個難題，而這個難題直指我們開會前所擔心的那個問題。

當時，我就有些招架不住了，好在還有上司和另一位同事在場。上司見我難以招架，挺身而出，用自己的回答替我解了圍。馮穎對那個答案並不滿意，不過這個問題並不是特別嚴重，她便沒有深究下去。

會後，我到洗手間長長地呼出一口氣，心想著總算是結束了。沒想到，我剛出來就碰見馮穎的同事小盧，他也參加了剛才的會議，對我的簡報讚不絕口。

**Point**

問問題是門學問，
問得妙、問得深，那才是高手。

我當時很慚愧地說：「如果眞的好，就不會被人挑出那麼多毛病了。」

他聽後，笑了起來：「妳別介意，別說是對你們，即使是對我們，她也這樣。」

後來，他跟我講了馮穎的一些事，說她在公司裡的綽號叫「十萬個爲什麼」。

他說，馮穎剛來公司的時候就喜歡問問題，雖然那時候問得很簡單，但還是會惹人嫌。不過，一天下來，她就將公司裡每個員工的姓名、生日都問清楚了。除此之外，公司三年以來的營收狀況、離職率以及產品狀況，她都摸得一清二楚。

最初，同事們都覺得她事多、問題多，很麻煩。但後來他們才發覺，她是同期進來的新人裡進步最快的，很多新人不知道的做法她都知道，所以她很快就得到了上司的重視。

隨著工作時間越來越長，馮穎問問題的功夫也是日漸增進，很少有人會看見她反覆地跟某個人確定什麼事。每次只找對方一次，問題會很集中，一般是三到五個，個個都切中要害。

馮穎的辦事效率很高，所以業績突出，升遷是必然的，而升職就是她刨根問底的結果。

那天晚上，我們和馮穎吃了一頓飯，其間我提到了這一點。她還有些不好意思，說這是她的老毛病，請我不要介意。細問之下我們才知道，她並不是想到什麼就問什麼，而是在問問題之前就做足了功課。

比如，她想知道我們公司的庫存儲備是否能滿足她們公司的需要，在收到我們的資料後，她就會先對每一行資料做比對，如果她發現我們某個月的產能可能無法滿足他們，她就會詢問我們的解決之道。

如果我們的回答令她滿意，她將收回問題A；如果不滿意，她就會準備問題B；A和B後面還會有C和D。直到她弄清楚我們的產能，以及我們能爲此付出多少的人力、物力、財力，她才會停止提問。

而問題問得這麼清楚，又如此深入的結果，就是方便她做出最準確的分析報告，同時預估後期發生的所有狀況，並爲這些狀況一一找出應對之策。

她做得如此仔細，哪個老闆會不喜歡呢？

這讓我想起初入職場的時候，我也曾因爲考慮問題不夠周到、問問題不夠徹底而在跟上司彙報的時候，不得不因爲不確定而用「應該」、「可能」這樣的詞語。上司很不滿意，我經常挨罵。而我也覺得委屈，自己明明做了事，結果卻沒好事。

後來，我細細反思此事，方知自己如此被動，是在問問題之前沒有仔細分析那件事。因爲，對那件事的情況瞭解得不夠徹底，我就無法問出關鍵性問題，這樣就無法給上司一個準確的答覆。

我吸取了從前的教訓，開始在遇到問題前先放鬆，然後仔細分析，找出所有的可能，再逐一突破。

問問題時，我會相應地問出對方的解決方法，這樣也有利於我這邊整理資訊。我嘗試著做了幾次，的確有事半功倍的效果。此外，在回答上司問題的方法上我也不像從前那樣只知其一，不知其二了。

刨根問底有時會讓對方很煩，卻是新人初入職場的必修課。一個懂得問問題的人，他在處理問題的方法和時效上也一定比別人強。

不必害怕被人煩，更不必擔心被人看扁，不懂就問，而且要深究其因。

只有這樣做，才能讓你的思考愈加深入，你做起事來才會更有目標性；只有這樣做，你才能儘快熟悉專業技能，與工作融為一體，明白做到什麼程度才是最好的、才是上司最想要的結果，以及如何提升自我。

**Point**

刨根問底有時會讓對方很煩，
卻是新人初入職場的必修課。

CHAPTER

# 03

# 在吃苦的年紀，遇見拼命努力的自己

# 在吃苦的年紀，遇見拼命努力的自己

很多人總是將「我真的要忙死了」當作自己的口頭禪。每次制訂計畫的時候都很興奮，可過了一兩天，就完全將曾經爲了計畫、夢想而興奮的自己拋到了九霄雲外。相反的，當別人問起計畫、夢想實現了多少時，總會找各種藉口，比如：「哎呀，我最近眞的忙死了，等以後再說吧。」「等我處理完手頭這件事再說。」

可是，你眞的有那麼忙嗎？

其實，你只是沒有勇氣和你的計畫、夢想認眞罷了。

Sunny是個初入職場的女孩，性格乖巧，反應快，做事也勤懇，很受大家的喜歡。老闆也挺欣賞她的，本打算重用她，沒想到，她居然遞出了辭職信。

老闆很納悶，但他覺得自己不方便問那麼多，就派我這個「心腹」探究一二。

我找到Sunny，問了她辭職的理由。原來，她是想回去考研究所。

我問她：「爲什麼這時突然想要考研究所呢？想考哪所大學？什麼系所？」

Sunny有點難爲情，似乎不知道該怎麼開口。只見她憋了一會兒，說：「我打算考上海復旦大學的金融系所。」

聽她想考復旦，我倒不驚訝，她雖不是名校出身，卻也是國立學校畢業的。

只是，她大學時學的是外語，卻一下子要跨到金融專業去，確實有點難。不是我懷疑她的能力，而是單就高等數學這一關，對於她這個五年沒碰過數學的人來說，不得不算一個大問題。

我把自己的眞實顧慮一五一十地告訴了她，但她並沒有表現得太過擔憂，看來她也確實想過這個問題。所以我就更不明白了，明明在公司裡做翻譯文案做得好好的，爲什麼突然要去學金融專業？

之後，我被Sunny的回答嚇到了。

Sunny很肯定地告訴我，她喜歡金融業，當年因爲考的分數不夠才選了英語系。而且，她在業餘時間裡接觸過這個行業，因爲瞭解，就更堅定了自己學金融的想法。雖然高等數學是她的一個坎，但也並非是跨越不了的挑戰，與其過朝九晚五的日子，倒不如爲了夢想拼一把。

我遠遠沒有想到，看似柔弱的Sunny竟如此清晰地找到了自己的目標，並有爲此放手一搏的決心。反觀我身邊的其他人，雖然步履匆匆，嘴上掛著「我很忙」的標語，臉上卻是一片茫然。他們不知道自己做這些事的意義所在，不敢爲自己的理想買單，缺乏豁出去的勇氣，只是在忙碌的表象中一次又一次地欺騙自己。

說到底，他們還是少了一份對夢想、人生認眞的勇氣。

Sunny的事，不免讓我想起剛入職場時的自己。

那時候，我每天都跟陀螺一樣地轉，使盡渾身解數想讓自己表現得更好一點，更突出一點。當時，我也懷揣著和Sunny一樣的希望，用最直白的話講，就是升職加薪。

所以，即便我在公司裡操的是老闆的心，拿的是基本工資，心裡也沒什麼怨言。唯獨會在每個月五號看著薪資單發呆，繼而陷入沉思：我在忙什麼？爲什麼而忙？我的未來何在？究竟什麼才是我最想做的？

那時，我特別害怕閒下來，只要閒下來，我就會胡思亂想，看著公司裡的其他老員工，我就會聯想自己的未來。每次只要一想到他們，我就忍不住打個寒顫。我雖然還不知道自己想要做什麼，但很確定自己不想成爲他們那樣。

有一次部門聚餐，酒過三巡，微醉的上司對我們幾個年輕人講：「你們每天都很忙，但我從你們眼裡看到的卻是茫然！你們根本就不知道自己在忙什麼、爲什麼忙！你們眞的應該好好想想，你們究竟想要什麼，你們的夢想是什麼！」

上司的話聽起來像是在開玩笑，實際上卻戳中了我的心。「茫然」這個詞第一次脫離白紙黑字的形象，十分逼眞地呈現在我的眼前。那時我才明白，自己每天過的那種狀態叫茫然。

上司說得沒錯，那時我的確很茫然，對未來完全沒有一點計畫。也正是因爲這種茫然逼迫著我，讓我做了很多在別人看來覺得很荒唐的事。

我跟Sunny一樣想過考研究所，不過我不敢辭職，而是一邊工作一邊準備考試。選系所的時候，我又陷入了沉思。受懶惰心的驅使，我刻意想避開高等數學，可是不考高等數學的系所又都不適合我，我很糾結。

想著想著，我就想到了出國留學，還很衝動地買了一套雅思練習題，但幾天過後新鮮感沒了，我就再沒碰過它。

我也幻想過做專業人士，在公司裡長期待著。或者，隨波逐流當個短暫的「北漂」青年。

剛去北京的時候，我覺得自己很行，因爲當時的薪水是原來的三倍，每個週末還能去天安門轉轉。可是，在北京待了一段時間後，我才意識到北京不屬於我，無論我多麼想要融入這座城市，都無法產生那種名爲「歸屬感」的心理。對於北京來說，我似乎只是一個遊客。

我還曾大膽地轉行做了證券經紀人，每天早出晚歸，學習陰線陽線，從技術層面分析行情。當證券經紀人的那一年，是我人生中壓力最大、最煎熬的一年。當深深體會到金融行業的錢不易賺之後，我決定退出。

林林總總算下來，在二十多歲的年華裡我一直在犯錯，卻也一直在向前奔跑。幸運的是，經過一番瞎折騰之後，我找到了自己想做和想要完成的事，目標漸漸地清晰起來。

我知道自己該爲了什麼忙，該爲了什麼拼。所以，我理解Sunny的感受，並選擇支持她的決定。

半年後，我收到Sunny寄來的一張照片，那是一張寫著她全名的復旦大學金融系所的錄取通知書。

看到這張照片，我由衷地感到欣慰，果然，夢想不會虧待每一位認眞對待它的人。可是，並不是每個人都有追逐夢想、爲夢想而努力的勇氣。

Annie是我們公司的前輩，我入職的時候，她剛休完產假回來。她的臉色看上去有點憔悴，卻常會有發自內心的笑。不過她只是年資深，工作能力一般，能做倒數第二就不做倒數第三。所以在公司做了五年，她的職位一直沒變。

我曾以爲Annie是那種淡泊名利的人，跟她聊過之後才發現事實並非如此。

Annie說，她剛畢業的時候想當老師，但她爸爸說當老師沒前途，不如去考公務員。那時，她根本不懂公務員具體是做什麼工作的，只是從父親那裡聽說了這份職業的好。於是她聽從父親的安排，大三下學期就買了相關書籍開始學習。

結果她沒考上。父親覺得一次考不上不算什麼，反正還年輕，有的是機會。

沒想到，她還眞不是考公務員的料，她考了三年，那三年裡，她不是在備考的路上，就是在考場裡坐著，但連個面試的機會都沒有。

Annie皺著眉頭跟我說：「當時，考公務員考到我一看到選擇題和申論題就想

**Point** 夢想不會虧待每一位認真對待它的人。

吐。」

時間拖得一長，考試的信心就被朝九晚五的日子給磨平了，特別是當她有了這份工作後，白天忙得不可開交，晚上回到家只想看看肥皂劇，根本就沒讀書複習的心思。那時，她不停地安慰自己：如果在這家公司好好工作，將來也未必比公務員差。

事實上，Annie不僅把考試的心給磨平了，奮鬥的心也給磨平了。在公司工作了兩年後，她漸漸產生了懈怠心理，凡事得過且過。

碰巧，那時她正在談婚論嫁，心思全在婚事上，還爲了婚事錯過了一次升遷的機會。她安慰自己，升遷機會有很多，但結婚只有一次。

然而，度完蜜月回來後，她依舊沒能調整好自己的狀態，在工作中出現了好幾次失誤，雖然問題不大，但還是影響了她的績效。

起初，Annie還會爲此傷心，時間一長，她反而不在乎了。生了孩子後，她對自己的未來就更沒了期許。有時看到別人跳槽、升遷，她也會心酸，但她一想到身邊的人都是這麼過來的，慢慢地，夢想就眞成了夢。

我笑著跟Annie說：「現在不是流行這句話嗎：只要肯做，什麼時候都不算

時間不會給你重新選擇的權利。 Point

晚。妳現在也不是完全不能當老師啊！」

Annie搖搖頭，跟我抱怨，說她現在一看書就頭疼，這怎麼教育英才，那會誤人子弟的。

她說話時的語氣充滿了惋惜，我猜想：她會不會在看到別的老師講課時扼腕歎息？會不會在某個無眠的夜晚想起曾經的夢想？會不會想跟哆啦A夢要一個時光機，讓她回到本可以堅持夢想的那個年紀，跟父親任性一次，對夢想認眞？

只可惜，無論她再怎麼想，時間也不會給她重新選擇的權利。

青春的年月裡，我們不知道該怎麼爲自己的未來奮鬥，繼而隨波逐流，丟了初心。等人過中年，再問問當初的夢想，除了惋惜，似乎什麼也沒了。

有的人要折騰一番，才知道自己想做什麼；有的人尋尋覓覓，碰了一鼻子的灰，才發現自己最擅長的恰恰是一開始自己嫌棄的事。

**但不管怎樣，我們都曾為夢想折騰過，不論結果是好是壞，等我們到了回憶的年齡，也不會因為年輕時的妥協而歎息，相反的，我們會感激曾對夢想的認真。**

# 停止盲目努力，你的人生需要再設計

你的身邊是否也存在這種人？

他總是有很多點子和想法；他對自己的未來做好了規劃，充滿了憧憬；每次聚會，他都是最能侃侃而談的那個；他有很多想要去做的事，每一件事讓你聽起來都會血脈賁張，恨不得狠狠地捶自己一拳，心想：人家的腦子是怎麼長的，爲什麼他能想到，我卻想不到？

過段時間後，你找他聊天，問起他曾說過的某件大事，思忖著這件大事如果可行，自己也跟著他做，說不定還能脫貧致富。結果，他跟你說了一大堆的困難和行不通的理由，一席話加起來夠寫三張A4紙，抑揚頓挫的語氣、唉聲歎氣的口吻，有種被全世界辜負的既視感。

你一聽，知道沒戲了，正想要安慰他幾句，沒想到，他又講了一個新的想法。

而當你細問他打算如何做時，他又以各種理由推託，但他還能很有本事地讓你聽不出他的無能來。

於是，回歸正常生活的你，只得在本職崗位上繼續奮鬥。你升遷了，或是得到了一筆獎金，很開心地請大家吃飯，卻發現那個曾被你羨慕的他，依舊沒做成任何一件曾打算去做的事。

從此，他在你的心目中成了「說大話」的代言人。

羅伊和小青是同學，因爲同在一座城市打拼，聯繫一直沒斷。兩人學的都是國際經濟與貿易，畢業後，羅伊去了父母安排的國營企業，小青則進了一家外商企業。兩人的薪水都不錯，只是小青比較忙碌。

羅伊家境小康，卻也不是那種荒廢人生的人，相反的，她和小青一樣上進。小青是外地人，獨自一人在這座城市打拼，她總會遇到些困難。作爲好友，羅伊經常照顧小青，小青有什麼好東西也願意跟她分享。

這一次的意外，源於小青所在部門的經理突然辭職。當時，大家都對未來的經理多有猜測，有的說會外派一人過來，有的說會外聘，有的說會內部升任。

小青在這間公司也有一定的年資，表現一直很突出，如果真的是內部升任，她的成功率最高。因此，私下便有力挺她的同事幫她加油打氣。那時，她雖然嘴上叫大家不要說，心裡卻充滿了期待。

結果，事與願違。

新上任的經理，是從其他部門調過來的，屬於變相升遷。關鍵問題不在於公司的決定，而在於那個人。此人姓趙，曾經和小青共同合作過一個專案，原本她和小青在職位上是同級關係，但這麼一調，她們就成了上下級關係。如果是簡單的上下級關係也沒什麼，但是，兩人曾在當年的合作中有過不小的摩擦：小青固執己見，而這位趙姐也是據理力爭，最後不歡而散。現在，小青未來的職場生涯可想而知了。

羅伊聽說了這件事，當下便撂下一句話，叫小青辭職。理由是：大家的能力差不多，憑什麼在她手下工作。與此同時，她還跟小青講了自己打算創業的事，正巧她身邊就只有小青最適合做她的合夥人。

小青當時很猶豫，雖然她曾經有過創業的想法，但並不成熟，也沒有仔細想過，覺得這事根本沒戲。其實，她對自己未來的職場生涯還抱有很大的自信。

但是，小青似乎高估了局勢。所謂新官上任三把火，趙姐剛一上任，就推翻了前任經理對專案的所有規劃。同時，她還否定了前任經理最重用的人——小青。

趙姐每天都會給小青很多工作，還對她的工作處處挑剔。她對小青的報表不滿意，對小青的PPT不滿意，對小青寫的信件不滿意……總之，用一句話來概括就是：小青做什麼都不對。

讓小青痛下決心辭職的原因是，某次會議上，趙姐不顧顏面在眾部門員工面前批評了小青，她忍無可忍，當下打包走人。

小青第一時間就打了電話給羅伊，答應和她一起創業。

兩人在常去的那家餐廳會面，羅伊講了自己的想法：做訂製產品，進行網路銷售。想法是好，但很多細節諸如貨源、選定哪個平臺，羅伊都沒主意。

小青覺得自己反正也辭職了，有的是時間，她打算回去先做市場調查，然後再和羅伊一步步開始創業。只是令小青意外的是，羅伊表示她並不想辭職，畢竟那是個鐵飯碗，而創業還是有一定的風險。不過，她答應入股。

兩人湊了些錢，分配了各自的工作，小青便開始進行專案的運作。小青負責網路營運，羅伊則負責供應商開發。她們的本職工作都是做行銷，沒有人涉足過網站，因此，創業的難點就落在這方面了。

小青建議徵人，可以讓別人以技術入股的方式參與她們的團隊。那時，羅伊剛好在忙公司的一個競賽，對這件事根本就沒放在心上，小青說什麼，她都沒意見。

等小青把人找來，網路商店都快建好了，羅伊那邊居然還沒找到供應商。小青這下急了，但又迫於朋友的情面不好說重話，只得一邊催著羅伊，一邊自己去找。

小青針對市場行情選了三五個品項，就此尋找合適的供應商，以期在網路商店建好後直接上架。產品上架的那天，她興奮極了，同時心裡五味雜陳。

小青將創業的最新進度告訴羅伊，她很平靜，其間都不怎麼說話。等小青說完了，她才問道：「小青，妳覺得這事可行嗎？」

小青當時有點傻住，眨了眨眼睛，問羅伊是什麼意思。羅伊似乎有難言之隱，她頓了頓，終於說出了自己的想法。原來，她的工作有點忙，又要參加一個競賽，加上她覺得創業的利潤還有待驗證……，一句話總結就是：她不想做了。

小青當時就傻眼了，急問道：「這個想法還是妳提出來的呢，馬上就要完成了，現在怎麼反倒不想做了？創業難道不是妳一直以來的夢想嗎？」

羅伊很難爲情，尷尬地說：「這的確是我的夢想，可是我現在覺得這個夢只能想一下，做不起來的。小青，妳想啊，我們那一點錢怎麼夠呢？而且我們沒資源，網路銷售也需要技巧和人手，太難了。與其把時間浪費在這方面，倒不如做些更有意義的事。」

後面的話，小青沒聽進去，但她明白了一件事：她被羅伊放了鴿子。

回去後，小青鬱悶得一整晚睡不著，她想：如果不是羅伊要創業，她還會不會那麼瀟灑地辭職？她想了很久，答案居然是肯定的。

既然如此，創業就是唯一的出路。

次日，回到工作室，小青打開網站，看著裡面的產品，她不由自主地流淚了。天知道它們是怎麼傳上去的，那是她用了幾天幾夜，翻了不知道多少書，查了不知道多少資料才弄出來的，那是她一直以來的心血。

一個念頭在小青的腦海裡湧現：她要繼續做下去！即便沒有了羅伊，她也要堅持做下去！畢竟，創業也曾是她的夢想。

和羅伊分道揚鑣後，小青繼續鑽研她的項目，她這個對網路一無所知的菜鳥，在攻克一道道難關後，終於成功了。

資金短缺的時候，她連續吃了一個月的泡麵；銷量不好的時候，她報了好幾個相關的網路行銷課程，一邊學習一邊維持營運，可謂是蠟燭兩頭燒；產品供貨方面

**Point**

無論你的夢想是什麼，
重點不是想，而是做。

出了問題，她一個人親自跑到供應商的公司去解決。

小青看著自己的訂單從零到一，再到十、一百、一千……當產品的銷售超過千萬元，商店的瀏覽量突破五千萬的時候，她的員工已經有十幾個人。

如今，當小青和羅伊再聚時，羅伊總會一臉遺憾地說：「都怪我當時退出了，否則我就實現夢想了。」

小青只是淡淡地一笑。

小青實現了羅伊的夢想，並不是因爲她比羅伊聰明，也不是因爲她比羅伊出色，和羅伊相比，她只不過是腳踏實地地做了，而羅伊是只想不做。

從小到大，我們有過很多夢想，但無論你的夢想是什麼，重點不是想，而是做——否則，你想的那些事眞就成了夢。

你的夢想已經夭折得夠多，趁現在還來得及，想到什麼就去做什麼吧。不要瞻前顧後，也不要找理由，更不要擔心前方的艱難險阻。你要對自己有足夠的信心，因為只要你堅持走下去，就會抵達你想要去的地方。

# 你所謂的穩定，不過是在浪費青春

初見周岩，是在朋友約的一個飯局上。他比我們大兩歲，那時我們剛開始工作，在他眼裡，我們就是乳臭未乾、沒見過世面的小毛孩。那天，他表現得很闊氣，搶在朋友前面把飯錢付了。

我們幾個都是剛進職場的菜鳥，早就想找個有經驗的老鳥討教一二，於是，那天晚上我們一個個對周岩開啟了「答客問」的模式。我們什麼問題都問，周岩也不嫌煩，我們問一個，他就答一個。

那天，周岩信誓旦旦地對我們說：「工作之後要敢想敢做，不要怕吃苦，也不要計較什麼義務加班。最重要的是，要有肯拼的精神，那樣才能學到真本事。還有，不要放棄英語。」

我們幾個點頭如搗蒜，當下一腔熱血湧上心頭，恨不得立刻奔回工作崗位，不計辛勞地往死裡做。

周岩不是那種喜歡誇大其詞的人，言談舉止無不透著穩健。他的話對我的影響還是滿大的，因此那場飯局結束後，我們幾個紛紛開始賣力工作。現在回想起來，那應該是我人生中最努力的一段時間。

剛開始工作時，我什麼都不會、也不懂，每天晚上下班後在公司待到八點半才離開，回去後還要學兩個小時的英語。

每天的日子過得匆匆忙忙，我總覺得時間不夠用，睡不好覺，一到週末就必須留出一天專門睡覺，否則，下週將沒有足夠的精力去應付高強度的工作。這種情況，就好比武俠小說裡武林高手的養成需要修煉一段時間。

在沒有周岩的聚會裡，我們幾個就會上演吐槽大會，將各自的公司、主管全都吐槽一遍，然後再講一下公司的奇葩規定，以及一兩個性格迥異、無法溝通的怪咖同事。

林林總總的事，竟然可以講上一天，而且故事情節比電視劇還精彩。其間，我們也會聊到周岩，我們覺得他有些神秘，好像一個隱匿江湖的高手，平常都不露面。我們嚷著叫朋友再約一天叫上周岩，好從他那邊學點對付職場的本事。

朋友當下臉色有些尷尬，說他來不了了，原因是：他回老家了。我們都感到意外，隨後便問原因，朋友也說不清楚，說是家中有事。既然如此，我們也就沒有再繼續問下去。

我們聊得正開心時，公司群組裡忽然蹦出好幾條訊息。我一看，居然是在討論公司裁員的事，而第一個被裁的人居然是老好人蘇敏。

蘇敏是銷售部助理，比我早進公司三年，算是老員工了。可惜的是，她待了那麼久一直都是助理，職位不曾變過。

她每天的工作內容也就是統計資料、做個匯總，再來是接待客戶、安排會議室。總之，都是些沒有技術的工作。難能可貴的是，她每天還能樂呵呵地上下班。

她在業績上沒什麼突出的地方，也從不跟人爭搶什麼，加上她對Excel的操作並不熟練，也不去學，因此，她每天就得過且過。再者，她在這個崗位三年了，未曾遇到過競爭對手。

他們部門的人都說，蘇敏是個淡泊名利之人。每次部門裡有了空缺的新職位，關係不錯的同事問她想不想做，她都直說不要。

今年公司裡來了一個二十幾歲的女孩，機靈又勤奮，一口一個總監，叫得總監心裡樂得很。這女孩也是銷售助理，但根據公司規定，這個職位只允許有一個人。

這就尷尬了。

當我們都為蘇敏著急的時候，她自己反而不著急，還很輕鬆地說沒關係。她以老員工自居，覺得一個新人對她構不成威脅，即便她沒功勞，也有苦勞。況且，助理這個職位薪水又不高，哪個年輕人願意做？

大家覺得似乎也有道理。

不爭不搶的蘇敏繼續做著她的助理，每天機械般的匯總資料，發信給總監，然後關電腦回家。

對於蘇敏而言，每天都是一樣的，沒任何不同，她從不適應到適應只花了半年。她覺得這樣就很好，只要公司幫她保勞健保，只要薪水可以解決溫飽，只要自己的工作不出錯，只要不加班，這就是一份不錯的工作。

蘇敏永遠都料想不到，自己竟會丟掉這份工作。她在跟總監談話的時候，毫無避諱地問到這個問題：她很不理解，公司為什麼會裁掉辛苦工作了三年的自己，而不是那個剛來的、並沒有為公司創造什麼利潤的新人？

總監回答得也很誠懇：「沒錯，妳的確在這三年裡沒有犯過一點錯，但這並不能說明妳工作得很認眞、很仔細。即便是現在，妳還是不會用Excel裡的公式，妳之所以不會出錯，是因爲那些工作都由別的同事完成了，妳只需要做一個匯總。但公司用幾萬塊聘用妳，並不只是爲了讓妳匯總資料。」

總監也提到另外一點，那就是蘇敏拒絕了公司的任何培訓和調動，這在老闆看來是一種不積極、不上進、嚴重的懶惰態度。同事不方便說她什麼，就給她一個「淡泊名利」的頭銜，可她原本就沒有名和利，淡泊個什麼勁呢？

總監的話很直白，蘇敏當時就哭了。但職場最不相信眼淚，所以，她反而讓人看了生厭。

蘇敏離開後，我從銷售部其他同事那邊得知，那個新人操作Office做得特別好，有好多他們需要花一小時才能做出來的資料，到了她那邊只需要二十分鐘。

這件事後來被總監知道了，他原本就想撤掉一個助理，細細觀察這兩個人後，認爲一個人能做的事何必要兩個人？而蘇敏又不接受調動，形同廢人一個，她這種性格不適合在競爭激烈的銷售部再待下去，於是果斷將她裁掉了。

我不禁反思：如蘇敏這般不思進取、不求上進的人，根本不能算是淡泊名利。

那麼，何爲淡泊名利？

它並不是力不能及的無奈，也不是心滿意足的自賞，更不是碌碌無爲的哀歎，而是超脫世俗的誘惑和困擾，實實在在地對待一切，豁達客觀地看待一切。

再次見到周岩是在一年多之後，他的臉圓了些，身材開始發福，精神並不如第一次見他時那樣生龍活虎。不只如此，就連談話間的那股剛強也不見了。

我猜想，周岩的變化跟上次回老家有關。細問之下，竟問出了他的傷心事。

原來，當年周岩回老家是因爲喜事，他打算和交往多年的女友訂婚，沒想到人家卻放了他的鴿子。他氣急敗壞地質問女友，女友回答得很簡單，說自己不想對一個只想過穩定生活的男人託付終身。

他又問她：「穩定生活有什麼不好？只要我們不愁吃、不愁穿，不是一樣可以過日子嗎？」

女友搖頭說：「不，那不是穩定生活，你所謂的穩定生活，不過是試圖逃避現實的一種心理安慰。你不肯爲現實的殘酷買單，你沒有克服困難的勇氣，我們還沒結婚你就這樣了，你讓我怎麼相信婚後的你？」

周岩很不理解女友的想法，一度把這種想法理解爲虛榮。他甚至心想，沒有和這樣的女友訂婚，說不定也是一件好事。

婚事告吹之後，周岩便回來繼續上班。他又交了兩任女友，可惜最後都分手了。感情上的不順讓他開始反思自己的問題，然後他回想起那位前女友說過的話。

他也不是沒有奮鬥過，可奮鬥過後依然還在原地踏步。他心灰意冷，覺得自己的付出根本沒有任何意義。他開始慢慢地喜歡上這種應付人生的生活——應付老闆，應付客戶，應付自己。他對自己說：每個人都是這樣過的，既然這樣也可以過一輩子，有什麼不好呢？

每一次，周岩對自己進行心理安慰過後，就等於給自己的墮落打了一針鎮靜劑。但他沒想到的是，自己竟然會因此而失去愛情，失去鬥志，失去很多值得回憶的東西。

潛意識告訴周岩，如果他再不改變，自己將會一事無成。

此時，公司有一個專案沒人肯接手，大家都覺得對方難以搞定，所以那個專案就像燙手山芋一樣在大家手裡轉來轉去。周岩主動申請去做，這令主管很是意外。

我見到周岩的那天，他剛好出差回來。他笑說自己每天都和客戶在一起，絲毫

**Point**

身為職場中人，
不奮鬥還不如辭職回家種田。

不敢懈怠，但是即使很忙，還是把自己養胖了。不過他覺得這樣不錯，胖了更踏實。

我們都爲周岩能及時找回那個喜歡奮鬥的自己而感到高興。

職場就是戰場，身爲職場中人，不奮鬥還不如辭職回家種田。

天下沒有免費的午餐，職場不會接納任何想投機取巧的人，也不會虧待任何努力奮鬥的人。不要輕易地認為自己的付出會沒有回報，因為回報通常發生在不經意的瞬間。最重要的是，你的努力不會被任何人搶走，那是一輩子只屬於你一個人的財富。

# 把工作折騰成你想要的樣子

何謂「拼」？它是指不顧一切地奮鬥，豁出去。可是，這個「拼」字說起來很容易，能做到的人卻不多。

出差路上，我在高鐵上碰見兩個經歷大考即將踏入大學的準大學生。他倆都是長得精實的男生，一個偏瘦，一個是圓臉。我坐在他們的對面看書，三心二意地聽起他們的談話來。

瘦男生說：「眞可惜，就差三分，而且還是數學扯了後腿，眞是鬱悶。」

圓臉男生立刻反駁：「你可以了啦，最起碼是國立前段大學，我可是只有國立後段。那個浩子很行耶，居然去了復旦大學，他模擬考試的時候還不如我呢。」

瘦男生臉上立刻浮現出一抹惋惜、遺憾的神色，原來，他最想讀的那所大學就是復旦。

圓臉男生繼續說：「我那時候也很拼啊，怎麼連他都不如呢？我覺得這就是命，我也沒辦法。」他瞅了瘦男生一眼，勸道：「行了，你也別難過了，都是木已成舟的事了，你也不是沒拼過，盡力就行。」

圓臉男生剛說完，旁邊坐在走道的某個男生插了一句：「那還是表示你們沒真正地拼過，否則，怎麼可能考得不如意呢？」

圓臉男生有些不開心，當下就想反駁回去，沒想到，那人接著又說：「這世上沒有毫無來頭的黑馬，你們那個叫浩子的同學，一定是下了一番功夫，只是你們不肯承認。」

那人二十六、七歲上下，休閒裝打扮，意氣風發。圓臉男生見狀，不得不說了些他聽來的關於浩子的事。原來，浩子並非班上成績最好的同學，但從沒掉出前十名過。他這個人性子慢、愛思考，一份考卷別人用一個半小時寫完，他得用兩小時。每次考試，他絕對是最後交卷的那個。

原本，班導也沒對他抱有多大的期望，也許是沒有什麼心理壓力，越到後期，他就越能沉得住氣。他不僅每天跑步半小時，還堅持不厭其煩地做模擬試題，並不斷反思寫錯的題目。這種狀態一直保持到大考的前一天。大考結束後，他終於放鬆下來，在家裡睡了整整兩天。

所謂的「拼」，不是時間上簡單的疊加，而是你用心的程度。你可以為了一件事做到全身心投入，甚至達到忘我的境界，而不是不講究方法的盲目、勤奮和自以為是的努力。

說完浩子的事，圓臉男生不由得想起自己在大考的前兩週還偷偷地玩遊戲，而瘦男生也坦言自己自信過度，導致過於樂觀地看待考試，所以在考試的前一週為了放鬆心情，他一題都沒做過，一個單字都沒背過。

我們不能說瘦男生和圓臉男生沒有奮鬥過，只是，「努力」和「拼」並非是可以畫上等號的——努力，是指你在現有的能量下積極地去完成一件事；而拼，不僅要求你利用現有的能量積極地去完成一件事，還需要你為此而不辭艱辛，甚至不顧一切地豁出去。

兩個男生關於考試問題的討論，引來周圍人的興趣，特別是那個插話的年輕人，他那過於自信的表情雖然欠揍，但不得不說，他的話很值得一聽。

接下來，他也講了周先生的故事。周先生出身很普通，而且還是單親家庭，經

**Point** 所謂的「拼」，不是時間上簡單的疊加，而是你用心的程度。

濟壓力一直都很大，所以大學學業是半工半讀完成的。他大學念的是會計，讀完之後還想考研究所。他聽說第一名可以獲得獎學金，大概可以和學費相抵，於是拼了命地複習。

那時，他還在某個會計事務所做兼職。於是，他白天工作，隨身攜帶著一本單字小冊子，一有空就背兩個。通勤的公車上，他也是戴著耳機練習聽力，有時也會做一兩道數學題。週末去圖書館，一待就是三小時。他利用一切可以利用的時間去複習，最終以第一名的成績考上了心目中理想的研究所。

機緣巧合之下，周先生結識了一位做風投（風險投資，又稱「創投」）的人士。對方很欣賞他的靈活和勤奮，有意帶他入行。

周先生雖然對風投行業一無所知，但覺得這是個鍛鍊的機會，便在對方所在的公司謀了個兼職。平時，工作也就是列印和統計報表，偶爾人手不夠的時候，去會議室幫客戶端茶倒水。

看似沒有含金量的工作內容，卻讓有心的周先生學到不少。他利用業餘時間學習風投方面的知識，在公司裡也會跟大家請教一些自己不懂的問題。

起初，大家對他不怎麼在意，還有些排斥。好在他深諳人際交往之道，人緣好，加上他做事勤快，慢慢地，大家便不再排斥他，反而在私下聚會的時候也會叫他一起去。就連人事部的張先生也很看重他，建議他畢業後直接來公司上班。

對周先生來講，這簡直是可遇而不可求的。這段日子就他對風投行業以及公司的瞭解，他也的確很想從事這行，他原本還擔心畢業後可能找不到合適的工作，沒想到人事部竟然主動招募他，他便答應了。

周先生是入職後才眞正接觸到風投行業的，他很用心學習，每次會議內容他都會記下來。他明白客戶的重要性，所以對每一位來公司洽談業務的客戶都很重視。

那時，有個特別難對付的客戶叫方洲，但他能爲公司帶來很大的收益，算是公司的重點客戶。

當時，周先生是部門王主管的助手，王主管想盡各種辦法都拿不下方洲，本打算放棄了，周先生卻說：「我想試一試。」

王主管看了看他，覺得這個小夥子剛入這行沒多久，業務還不熟練，口氣倒是不小。不過，既然自己拿不下客戶，讓小周去洽談一下讓他練練也好，如果做成功了，就讓小周升職；如果失敗了，大家都沒損失。

於是，王主管便把這個訂單交給了周先生。

周先生日日夜夜地揣摩這個訂單，將它從頭到尾看了不下幾十遍，裡面的內容和資料甚至都可以背出來了。其間，他也和方洲通過電話，但對方一聽他什麼都不是，便拒絕和他通話，後面的交流都是助理代勞的。

周先生吃了閉門羹，心裡很難受，卻沒有就此放棄。他想先瞭解方洲本人的具體資料，就四下打聽，後來得知方洲最好吃，而且他是湖南人，喜歡吃辣。

周先生開始學習湘菜，原本吃辣會過敏的他，爲了做出道地的湘菜不得不親自嚐味道，每次吃完，他都要吃過敏藥。後來，他做菜做到走火入魔，睡覺時都念著食譜。

當做出一道吃起來還算不錯的湘菜時，他會親自拎著飯盒去見方洲。方洲當時沒有要見他，他便將飯盒交給方洲的助理，並叮囑她務必交給方洲。

那道菜很香，助理拿到方洲的辦公室。方洲吃了那道菜，怒氣沖沖地打了一通電話給周先生，說他做得太難吃，請他不要再惦記自己了。這通拒絕的電話，在周先生看來卻是很大的進步，畢竟這是方洲親自打來的，說明他還有戲。

失敗了一次的周先生，繼續把焦點放在湘菜上，並留意方洲的動向，從而發現方洲最常去一家名叫瀟湘妃子的菜館。他便利用下班時間去菜館拜師，主廚一開始不肯教，覺得他是個瘋子，但禁不住他的苦苦相求，最終決定只教他做一道菜。

就這樣，周先生在主廚的指點下，做湘菜的手藝又提高了。等他拎著這道菜親自去找方洲時，並沒有像第一次那樣把它交給助理，而是請助理轉告方洲，說他在外等候。不一會兒，周先生被請進了方洲的辦公室。一個小時後，周先生面帶微笑地走了出來。

有人說，周先生是幸運的，因爲他抓住了方洲的胃。殊不知，好吃的方洲看中的並不是周先生最後做的那道菜，而是他那份鍥而不捨、敢拼敢做的精神。

火車上的那個年輕人說得繪聲繪影，他下車前經過我身邊的時候，我問他：「先生，您貴姓？」

他不假思索地回了句：「姓周。」話音剛落，他的眼睛亮了，我則欣慰地笑了。

很多人都會在不如意的時候怨天怨地，他們委屈地認為，同樣是很努力、很拼的人，為什麼自己的現狀會和別人有那麼大的差距？

事實上，那不過是你自以為的努力和拼而已。這就好比，我們都以為自己是周先生，但事實上根本沒那麼努力，也沒那麼拼。

## 永遠不要做「差不多先生」

胡適曾寫過一篇《差不多先生傳》，裡面的主人公是位覺得紅糖和白糖差不多，「十」字和「千」字也差不多可以通用的人，他的經典語錄是：「凡事只要差不多就好了，何必太精明呢？」

在學堂讀書的時候，差不多先生把山西回答成了陝西。先生指出他的錯誤，他卻認爲山西和陝西差不多。差不多先生去趕火車，因爲晚了兩分鐘而沒趕上，心裡因此不爽，還認爲列車長未免太認眞，連這兩分鐘都不願等。

後來，差不多先生得了急病，吩咐家人去請東街的汪大夫。誰料家人過於匆忙，出門不分東西方向，就把西街的獸醫王大夫給帶回來了。

病急亂投醫的差不多先生說：「王大夫和汪大夫也差不多，就讓他看吧。」於是，這位幫牛看病的王大夫按照治牛的方法給差不多先生看病吃藥，不到一個鐘頭，差不多先生便一命嗚呼了。我們身上是否也有差不多先生的毛病呢？

學寫字的時候，你總覺得會寫就可以了，何必計較美醜和筆劃？於是，等到簽名的時候，你猛然發覺自己的那一手字上不了檯面，縱然再羞愧也已經晚了。

上司交代你做一個報表，上面的資料很繁雜，你看到就頭痛，於是你想套用Excel裡的公式，試圖尋求最簡單的方式把它做完。等到做完後，你也沒有逐項檢查，心想差不多就好了。不料，最後卻因爲一個小數點而讓公司遭受了損失，你的結局可想而知。

生活中，我們每個人都有差不多的時候。可是，我們時常把湊合、將就掛在嘴邊，久而久之，便成了一種壞習慣。這種壞習慣，會潛移默化影響我們生活的各個方面，成爲我們追求卓越道路上最大的絆腳石！

巧黎和小春同在某旅遊公司擔任旅遊體驗師。一年三百六十五天，其中有一大半時間住在飯店裡，而且還是不同城市的飯店，自己家反倒成了拎著行李住兩天就走的飯店。

當初兩人是一起進公司的，今年已經滿兩年了。

巧黎外向，生性活潑、腦子靈活，極擅處理人際關係，剛進公司不到一週就和全部同事混熟了。大家都很喜歡她，工作上也和她積極配合，飯店那邊的回饋也都是好評。第一年的績效，上司就給了她一個A。

相比巧黎的得志，少言寡語的小春就沒那麼好運了。倘若你去公司裡打聽小春，大家十有八九會說她很挑剔、不愛說話、不好相處。上司那邊偶爾還會收到一兩封來自飯店的投訴信。第一年，小春的績效只有B。

第二年，公司的組織架構需要調整，旅遊事業部需要裁員，上司在小春和另一位員工之間猶豫著，最終在小春的名字上面畫了圈，將她留下。

結果，沒多久，公司收到旅客的投訴，說是他們推薦的某飯店跟宣傳的完全不一樣，表面上看，飯店還算整潔，但床太硬，不舒服。空調一吹，還會有東西飄下來，仔細一看，居然是僵死的小蟲子。至於浴室就更糟糕了，熱水放了二十分鐘都沒出來。浴室也沒有防滑墊，浴巾和毛巾都有味道，漱口杯還缺一個角。

旅客的投訴一來，緊接著就是客戶的差評，一時之間，公司被鋪天蓋地的負面新聞所困擾。總經理親自坐鎮，自上而下調查此事，後來得知這家飯店先後由小春和巧黎負責過。

旅遊事業部的總監告訴總經理，說是當時小春過去後，飯店對她很不滿意，還發生過爭執，所以就把小春調了回來，改派巧黎去。但根據巧黎回來後寫的報告，跟網友說的並不一樣。而且，那家飯店與公司合作多年也算是老客戶了，照理說不會出現這樣的問題。

總經理一聽，當下將那位旅遊事業部的總監訓斥了一頓，理由是：那家飯店兩年前就換了老闆，雖然合作關係沒變，但那次派人過去審查，就是爲了看看服務有沒有什麼變化。因爲，該飯店的新任老闆在業內屬於不可靠的老好人，他人脈廣，生意也多，可是做起事來沒那麼仔細，總是差了一點。不僅如此，他對公司的管理也頗爲懈怠。

總監聽後，建議開會討論一下這件事。

總經理想了想，又吩咐他把小春的報告調出來看看。這一看，總經理更生氣了，直接命令人事部將巧黎解僱。

部門裡的人當時都傻了，全都一臉錯愕地看著巧黎。巧黎則漲紅了臉，忍不住嘀咕了一句：「要辭退的不是小春嗎？」

對啊，要辭退的不是小春嗎？怎麼反倒成了人人稱讚的巧黎了呢？

原來，總經理看過小春和巧黎的兩份報告後，心中便有數了。與此同時，他又找了那家飯店的熟人瞭解了一下具體情況。

小春第一次去的時候，對飯店房間的每一處都做過詳細檢查，旅客提的那些問題，她都反映到報告裡，而且當時也跟飯店的負責人員講過。

那次，負責接待小春的人對她的挑剔多有不滿，還試圖送禮給她，好讓她睜一隻眼閉一隻眼算了。沒想到，小春不吃那一套，她拒不收禮，該說的話一句也沒少說。當時，她要求飯店在規定時間內對她提出的問題進行修正，修正後她再來檢驗，如果合格，她便會推薦出去；如果不合格，必須重新修正。

飯店負責人一聽便怒了，說：「我們飯店和貴公司合作多年，你們公司的旅遊體驗師我都見過，就是沒見過像妳這樣雞蛋裡挑骨頭的。公司又不是妳的，老闆才給妳多少錢，差不多就得了。那些問題也不是大問題，誰還能把我們怎麼樣？」

小春回道：「沒錯，對公司而言，我就是個微不足道的體驗師，但對客戶來說，我的工作至關重要。他們每天都會看我們的推薦，如果實物和我們的推薦不符，不僅對公司沒好處，對旅友更是一種傷害。很抱歉，我不能接受你的解決之道，還是請你們按照我說的進行修正，如果達標了，我就會依照流程推薦貴飯店。」

飯店負責人覺得小春是個固執己見的人，好話說盡也不管用，一氣之下就寄了一封投訴信給小春的上司。信中寫著對小春的各種找碴，還說她不務正業，每天睡到日上三竿，如果再讓她繼續做飯店的審查工作，他們飯店就和公司解約。

上司一看到投訴信就生氣了，馬上打電話把小春叫了回來，並連忙把巧黎派過去。巧黎一去，對飯店房間以及設施一一做了查驗，而小春發現的那些問題她也都發現了。

還是同樣的飯店負責人，對巧黎說了同樣的話。靈活的巧黎眼睛一亮，說：「這世上哪有十全十美的事，有些瑕疵也是必然的，只要這些瑕疵不是特別嚴重就好了。」

負責人一聽，臉上立刻露出欣慰的笑容來：「姜小姐說的是，難怪您的業績特別好呢。」

最後，巧黎說請飯店這邊平時注意一下，不要出問題就行了，至於公司的推薦，她還是會做。飯店負責人高興極了，巧黎走前，他將本來要送給小春的禮物送給了巧黎。

事情的全部經過就是這樣。只是，此事一出，總經理認定旅遊事業部裡的其他

**Point**

說了不等於做了，做了不等於做對了，做對了不等於做到位了。

體驗師也可能會有包庇、徇私的嫌疑，便下令嚴查。這一查，就將巧黎負責的另外幾家飯店的問題都挖了出來。

當總經理質問巧黎的時候，她還很委屈地說：「情況都差不多，怎麼能說是包庇和徇私呢？」

巧黎可能不明白，總經理爲什麼就不能容忍別人那一點點的缺陷。在她看來，工作本來就不用太認眞，做到差不多就行了，大家都開心才是最好的。但她忘了，工作就是工作，容不得一點馬虎。

海爾集團創始人張瑞敏常常對員工這樣說：「說了不等於做了，做了不等於做對了，做對了不等於做到位了，今天做到位了不等於永遠做到位了。」

很多時候，我們之所以不能走向卓越，並不是因爲我們沒有養成好習慣，而是因爲我們有了壞習慣——這些壞習慣在無意識地指導著我們，讓我們變得沒有原則，缺乏毅力。表面上看，有些事是差不多，可長久下來就會差很多。**我們的生活需要追求極致，我們的工作也需要追求極致——能做到一百分，就不要只做九十分。當你總想著九十分就足夠了，可能最後你連六十分都拿不到。**

# 一針見血比模稜兩可更受歡迎

最近，公司開了一門「高效溝通」的培訓課，開頭引用的是一個小故事：

某員工跟老闆彙報說：「大事不好了，老闆，客戶不跟我們合作了。」

老闆一聽，立刻瞪圓了眼睛：「哪個客戶？爲什麼不合作了？」

員工說：「就是前陣子剛談到的廣東客戶，供應商那邊斷貨了，無法如期交貨。」

老闆此刻一個頭兩個大，還有些不知所措。他實在不清楚原因是客戶單方面提出的違約，還是供應商無法按時交貨影響了生產，導致無法正常交貨，從而引發客戶的不滿，想要終止合作。而且，前陣子談到的廣東客戶有兩家，想要終止合作的究竟是哪一家？

這一切的問題，員工都沒有說明，不僅弄得他一頭霧水，就連腎上腺素也高了起來。與此同時，員工的彙報並沒有停止，一副十萬火急的樣子，好像老闆再不給出指示，整個公司的效益就會受到影響一般。

問題的關鍵在於，員工並沒有把急需解決的問題說清楚，讓老闆無法在第一時間內對現有狀況做出正確的判斷，因此，也就沒有相應的解決之道。

案例的最後，是玩具廠另一個員工用一句話解釋給老闆聽，他說：「老闆，因電池型號短缺，導致原本這週就可出貨的產品延遲了，A客戶因此不滿，想退掉這批訂單。」

老闆一聽，知道根本原因在於電池供應商的短缺，於是立刻下令叫供應商給出一個最快能出貨的日期。與此同時，他出面跟A客戶溝通，希望可以推遲幾天。

其實，這個問題並沒有想像中的那麼嚴重，卻因爲兩種不同的表達方式導致了兩種不同的解決之道。這樣的問題，在職場中經常可以見到。

比如，你會發現自己跟某個同事溝通起來很困難，他說的話你總是不能很快捕捉到最有用的資訊——他說了很多，語速還很快，但一遍聽下來，你什麼都沒聽懂，跟聽天書一樣。結果，你不得不請對方再說第二遍。一來二去，對方還覺得煩，認爲你的理解能力有問題。

事實上，問題的關鍵不在於你的理解力，而是他的表達力。

再如，你負責一個專案，有一天老闆突然就某個問題詢問你最新的情況。結果你並沒有完全掌握最新的情況，遇到一些預料之外的問題不得不用「應該」、「可能」、「好像」這樣的詞語來掩飾你的不確定。然而，就是這些不確定的詞語會讓你的老闆無法得到最準確的資訊，從而失去判斷，還會因此覺得你辦事不力。

表達清晰、邏輯正確，是你彙報工作和溝通時必備的技能之一。不要小看了表達方式，事實證明，工作高效的職場達人，通常也都是在表達上一針見血的人。

小冉不只一次跟我吐槽，說她最討厭的就是那種說話不清楚還很急躁的同事，一副好像天要塌下來的臉，說話說半天都表達不清楚問題，還容易引起誤解。

小冉在某精密電子公司上班，做的是專案管理。有一天，快下班的時候，生產線上的員工小賈說，新到的一批電源供應器爆炸了。

小冉剛好是負責那個機種的ＰＭ，被小賈這麼一說，她當下就傻眼了，心想：這得有多大的品質問題才會導致爆炸啊！最關鍵的是，有沒有人員傷亡？生產是否會受影響？

**Point**

工作高效的職場達人，
通常也都是在表達上一針見血的人。

供應器不只是用在小冉負責的那一款機型上，如果爆炸情況屬實，三個機種的供貨都會因此而受到影響。只是另外兩個機種用量少，大部分供應還是在小冉負責的那個機型上，而這個機型又是公司接下的一筆大單，絕對不能因此斷貨。

此事發生後，整個公司進入了一級戒備狀態，從市場部到供應鏈部門以及生產線，全都忙碌了起來。爲了瞭解最準確的情況，小冉親自去了趟生產線。她一看才知道，小賈所說的爆炸不過是線路短路後導致的火花四濺，供應器只有小部分被燒毀——準確地講，這並不能稱爲爆炸。

小冉鬆了一口氣，立刻吩咐品質部門的相關人員對所有供應器進行調查，壞掉的直接銷毀，好的留下來繼續用；另一方面，她則和物料管控組的成員商議更換供應商一事，但因爲原本這家供應商是客戶指定的，操作上須得到客戶的首肯。

因此，小冉寄了一封信給客戶，並抄送給所有相關人員。在信件中，她簡要地陳述了概況，並附上最新的產能表，希望客戶能盡快指定另一家供應商。

此事非同小可，客戶也極其重視，雙方每天都會進行電話會議。然而，雙方在這個過程中還是因爲溝通不暢而出現了問題——客戶指定了另一家供應商，但物料管控人員卻稱，該家的生產力有限，無法滿足現有需求。

小冉一時心急，便跟客戶反映了這個問題。

客戶那邊很納悶，爲什麼自己聯繫的時候都是可以滿足產能的，怎麼一到小冉公司就不行了呢？難道是新的供應商產能出現了問題？

客戶便回頭跟那家新的供應商聯繫，沒想到，供應商反過來訓斥了小冉一番。因爲供應商的產能綽綽有餘，根本就沒問題。而且，對方跟小冉公司的負責人也是這麼說的，實在不清楚這資訊的誤傳究竟是從哪個環節開始的。

被客戶這麼一訓斥，小冉心裡也很不痛快。放下電話就跑去物料管控組那邊，想找到對應的人確認問題。結果，對方也很不滿，兩人一度陷入到誰也無法理解誰，還爭論不休的地步。到最後，物料組的組長說了一句話：「小冉問你的是新供應商的產能，不是原來那家。」

對方瞬間恍然大悟：「妳怎麼不早說啊，我一直以爲妳問的是爆炸的那家呢。」

小冉感覺有一排烏鴉從她的頭上飛了過去，如此簡單的問題，就因爲一字之差而有了天壤之別。他們耗費了這麼長的時間，竟然只是驗證了一個早已被證實過的問題。

小冉因此又做了一份產能分析表，還因此背負了客戶對她的誤解，但這一切的根源都在於當時溝通時的模稜兩可，誰都沒有講清楚，導致兩個人想的都不一樣，結果自然就不一樣。如何溝通、怎樣溝通的確是一門大學問。

做第一份工作的時候，我有一個任務，就是每個月要做一份報表，然後把它傳給美國的同事。美國的同事再根據表上的資料以及市場的最新動態，給出下個月的銷量預估折扣。

這份報表的資料量很大且很細，蒐集了所有地區每個產品以及產品的不同型號，還要套用公式，稍不留神就會做錯。於是，這份工作成了我那時最困擾的事，因爲一做就要花費一整天的時間，還不能有人打擾，因爲中間斷了就很可能會出錯。不巧，那時我的工作很繁忙，時常會被打斷思路，因此，也出過一兩次小失誤，只是並未導致大的問題。但我依然認爲，這是一件很不容易的工作，最大的希望就是可以簡化，盡可能的準確。

兩年後，公司換了新經理，他對於我每個月傳送的報表很困惑。一來，這份報表很複雜；二來，他不知道用途在哪裡。於是，我被他叫到了辦公室。只是對我來說，這項工作也是半路接手的，對於爲什麼要劃分出這麼詳細的地區以及產品的類型，我自己也不是十分清楚。

因此，經理把最初接手的那個同事叫進來，仔細詢問了一遍，同事的回答也和我差不多。經理便直接跟美國的同事聯繫，問明此報表的用途。

聽見此報表不過是爲了據此推測未來的銷量，根本就無須如此仔細，便商議將之改爲每個月供應鏈部門傳來的銷量資料表，因爲那份報表中的資料是最準確的。而爲了避免中間環節出錯，還將原來的報表廢除了。

一件令我困擾了兩年的工作，竟然是沒有任何意義的！還好，它因爲經理的一通電話就被廢除了。

爲此，我不禁在想：如果當時我可以問得仔細一些，知道這份資料表的根本用途，是不是就可以早一點解脫了呢？事實是，我在模稜兩可的猜測中做了兩年。

如何高效地溝通、一針見血地提出問題，是職場上最重要的能力之一。工作中，我們都需要一種精神，那就是追求準確的精神。職場裡需要的是一針見血地表述一件事或提出一個問題，而不是說了一大堆模稜兩可的廢話。

溝通是門學問，需要我們不斷地改進。

CHAPTER

# 04

# 贏在責任心，勝在執行力

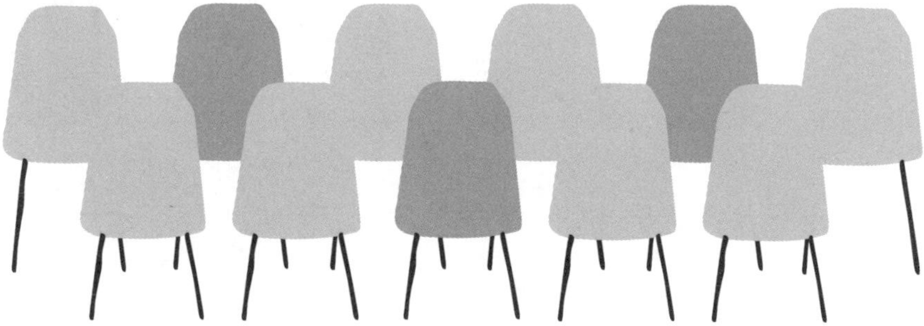

## 贏在責任心，勝在執行力

那天，上司突然分配一項任務下來，要做上半年的資料報表，報表的一部分資料需要規劃部的同事提供。統整任務落在安小雨的頭上，而且上司催得緊，早上九點才說，下午一點半就要。

安小雨連忙將報表的具體需求寫好，寄出信件給各部門的主管。之後，她就開始忙自己的工作。

報表具有很強的綜合性，也需要其他同事的配合。安小雨做完自己的那部分資料，又整合完本部門其他同事的資料後，已經快到吃飯時間了。可是她確認了信箱好幾次，就是沒有收到規劃部同事寄來的信。她想了想，打了一通電話給對方詢問進度。沒想到，對方的回答是：「今天事情太多了，妳要的資料還沒來得及弄。」

安小雨一聽就急了，她一再強調這個報表是高層主管要的，下午開會時要用，現在都到吃飯時間了，回來休息沒多久就該繼續工作了。何況，她還需要整合，這也是需要時間的。

眼看時間越來越逼近，安小雨不得不回報給自己部門的主管。主管聽後，與規劃部對應的主管溝通了一下，對方這才開始著手準備。

等安小雨收到這份資料時已經是中午了，爲了不拖延時間，她只能選擇犧牲自己的午飯時間，盡快把報表趕出來。最終，報表準時呈交。

後來，安小雨從一位關係不錯的同事那裡聽說，那天提供資料給她的規劃部同事根本就沒在忙，他所謂的忙不過是託詞，他這個人做事一向拖拖拉拉，同事們都知道。

不過，他有個特點是你交代事情給他時，他從來不說自己忙、沒時間，答應得很爽快，但之後就是不立刻著手做。唯一能叫得動他的人，就是他的部門主管。

還有一個眞相安小雨不知道：那天她剛打完電話給對方，他就開始忙著整理資料了。因此，主管找上他的時候，他正在忙，而且是眞的很忙。

在職場中，這種懈怠工作、只說不做的大有人在，說是一方面，做是另一方面。而這種只說不做的人當中，還有一種情況就是：他們有做，卻做不到位。

不久前，我去了新的部門，負責禮品的訂製業務，這個業務還屬於新創階段，很多事情都需要摸索。受諸多因素的影響，一開始我們的進度很慢，但最終在上架後一個月有了新訂單。

因爲是新業務，在和各部門的銜接上也需要新的規則。新部門的採購專員是個小女孩，人很機靈，做事也積極，只是做起來卻讓人很「焦急」，一會兒一個電話，一會兒一個問題，直接導致我原定計畫的很多事都不得不擱淺。

事情的起因在於，客戶向我們訂了一個心狀的小配飾，但供應商那邊缺貨。於是，小女孩就跑來對我說缺貨。她的潛臺詞是：「你說要怎麼辦？」

因爲是剛收到的訂單，我也很重視，不希望因爲我們沒有達到客戶的要求而導致不愉快的事發生。所以，我便問她：「供應商那邊有沒有說何時補貨進來？」

她一聽，跑了回去。

過了幾分鐘，她又直接在LINE上把供應商給她的回覆截圖傳過來。供應商的意思是：補貨日暫時沒辦法定下來，叫我們自己從剩下的幾枚飾品裡選。

我是可以選，但我不是客戶呀，我的意見怎麼能代表客戶的意見？於是，我立刻聯繫了客服，請她跟客戶溝通，看看能否在剩下的幾個配飾裡重新選擇。

另一方面，我則要求採購小女孩繼續跟供應商聯繫，最好能給個大概的時間期限。另外，我也去跟開發部溝通，希望能在有限的時間內找到另一家貨源充足的供應商。

開發部做事倒是迅速，雖然這樣的供應商很難找，但還是找到了一家，只是價格比原來那家貴了些。因爲是第一筆訂單，在核算過成本、利潤後，我決定犧牲一些利潤，以保證客戶的利益優先。

這期間，小女孩一點進展都沒有。

確定好新的供應商後，按流程，開發部需要在系統內新增資料。我告訴採購部我們換了一家供應商，詳情可以直接聯繫開發部。

本以爲一切都搞定了，不料，小女孩一大早又敲響了我的LINE，說是無法聯繫上供應商。我當下無奈至極，雖然心裡有一萬句不解的怨言，但最終還是忍住了。

小女孩其實不笨，態度也很積極，但只做其一，不做其二，哪怕是一丁點的小問題，她也沒有任何自己的想法，甚至她也不想知道自己究竟該如何做。到最後，她自以為付出了很多努力，但真正該做的她一點都沒做。

其實，類似她這樣的年輕人並不少見。

像上述故事中小女孩的做事方法，讓我想起了曾經看過的一個故事：

某公司採購經理新聘了兩個人，小王和小趙，他們都是剛畢業的大學生。有一天，經理吩咐他們瞭解一下印表機的價格，要求第三天給出答覆。

經理的要求很簡單，兩人於是照自己的方法開始調查。

過了一年，公司接到一個大專案，要成立一個專案組，需要採購部門派出一個代表。這麼重要的專案，大家都明白成功後會得到什麼報酬，於是暗自較勁，希望自己能去。不料，經理直接指定由小王負責。

消息宣布後，小趙心裡很不是滋味，也有點不解：自己和小王明明就是同時進來的，平時就總被他壓在頭上，在這種節骨眼上還被他給搶先了。

因為跟副經理的關係還不錯，小趙便請他吃飯，想借此瞭解一下經理的想法。

副經理也不傻，從小趙提了要求之後，他就猜到小趙究竟想問什麼。因此，小趙一開口，副經理就放下筷子，說道：「小趙啊，論學歷，你和小王相當；論積極性，你倆也相當，可論業績，你跟他就差遠了。」

小趙急了，忙說：「我當然知道，但我就是不理解，爲什麼事情我都做了，結果績效沒他高，大專案也沒我的份？我覺得我並不比他差多少。」

副經理搖搖頭：「差之毫釐，失之千里。」隨後，副經理將這一年來經理對兩人的考察說給小趙聽。

起初，副經理也不明白爲什麼經理對剛來的小王格外用心，原以爲他們有什麼親戚關係，聊過之後才知道，這一切都要從兩人剛進公司時調查印表機的價格開始說起。

那次，經理交代完任務，小王和小趙都去調查了市場情況。

小趙格外留心小王考察的結果，奇怪的是，自己只用一天就調查完了，但小王似乎很忙，整整忙了三天。那時，小趙還竊喜，以爲自己的工作效率比小王高，於是他搶先一步把自己調查後的價格資料傳給了經理，繼而喜滋滋地等待著被表揚。

小王的資料是第三天交出去的。沒多久，他就被經理叫去了辦公室，在裡面一待就是一小時。出來後，小趙注意到小王面容嚴肅，心想：他一定是被經理責難了。小趙正想說裝好心去問一下，便看到經理寄來的信件，說要按照小王選購的那款印表機進行採購。

究其原因，副經理說，小趙的確給出了調查報告，但僅僅只是價格方面的，沒有其他任何可供參考的資訊。

但小王的報告就不一樣，除了價格，上面還有每一個供應商的基本資料、交貨期、品質報告、保固期等附加資訊。而小趙選的那幾款產品也在他的報告裡，但因爲保固期過短、交貨期過長，不建議採購。

之後，經理對副經理說：「事實上，我並沒有交代他們我需要哪些資訊，結果小趙眞的就只給了我價格和款式的資料；而小王卻把附近所有賣印表機的賣家都調查完了，他給我的不僅僅是價格和款式，還包括所有我想知道的資訊。這足以說明，小王在做事上要比小趙做得徹底。」

小趙聽了副經理的陳述，默默地低下了頭。

副經理告訴他：「做事不能總做表面，而要深入。很多時候，上司分配下來的任務，或許是一個考驗，或許是連他自己都沒想清楚的事——那就需要下面的人去幫他做，誰做得好，做得細，就越能讓他看出你的與眾不同來。

小王做得好，那是大家有目共睹的，雖然他來的時間不長，但勝在能力出眾。

**Point** 做言語上的矮子，行動上的巨人。

如果你也想被重用，那就想想怎麼改進自己的工作方法，讓你做事不是只做表面而已。」

很多上司交代下來的工作，有時不過是一句話而已，聽起來很簡單。但每一項工作都需要我們全方位地考量，要站在上司的角度去看問題。

如果中途遇到了困難，要先想著如何用自己的能力去解決，而不是一有問題就找別人幫忙。你沒有自己的想法，就會一遍遍地問下去，這麼做，不僅不會提高你的能力，反而會拖累你的同事。

承接一項任務很容易，而要完成這項任務，並把它做好、做仔細，卻很難。職場需要的不是只會說、不會做的人，而是不僅會說、會做，還能做得更好的人。

做言語上的矮子，行動上的巨人，你才會成為真正的職場達人。

# 別總將目光放在年終獎金上

在網路上看過一部漫畫作品，漫畫的主人公叫老張。

老張第一年去公司上班的時候，年底領了五萬元的年終獎金。他私下裡打聽之後，知道別的同事年終獎金只拿了兩三萬元，心裡一樂，就帶著老婆孩子去五星級飯店住了一晚。

到了第二年發放年終獎金的時候，老張又拿了五萬元。他又暗自打聽，看其他同事拿了多少。結果，有人拿的和自己差不多，有人拿的比自己少。

這一比較，老張的心情和前一年不同了，他雖不至於特別高興，但也不至於難過。於是，他帶著老婆孩子去川菜館吃了一頓。

到了第三年，讓老張意外的是，自己居然又領了五萬元年終獎金。他本以為這次的情況和前一年一樣，大家沒什麼太大的區別。結果，同事們全都笑呵呵的，一看就是有什麼喜事，細問之下，方知人家拿了十幾萬元的年終獎。

老張頓時就慌了。一整天下來，他都沒心思好好工作，下班後也不回家，一個人快快不樂地在大街上閒逛。老張起初覺得是公司對他有偏見，根本是欺負人。但他回顧了這三年來自己在工作上的表現，深思之餘，發現自己居然平平淡淡的，沒什麼成績可以拿出來說嘴。

倒是第一年，因爲初來乍到，爲了盡快熟悉業務，他很拼，經常加班到深夜，有時還會犧牲週末的時間，雖說成績沒多厲害，但至少也是有的。

然而，之後這兩年，他似乎一直都處於吃老本的狀態。上司也不怎麼指派新專案給他，手上的老專案也都不怎麼賺錢。

其實，他可以主動去跟上司要新專案，但這樣一來，承接了新專案，就要去面對、處理很多新問題；另一方面，他覺得工作沒必要那麼拼，差不多就可以了，做得多未必得到的多。於是，老張就這麼耗著，每天都做相同的事。準時下班後，他會找上三五好友，要麼去喝酒，要麼去唱歌，日子過得很逍遙。

想到這裡，老張總算明白了爲什麼他的年終獎金連續三年都沒有變化。如果繼續這樣下去，到了明年，年終獎金別說是五萬元，可能連兩三萬元都沒有了。

老張的問題不在年終獎金上，那只不過是他近三年來工作的一個回饋，他的問題在自我滿足和不思進取上：自認爲很優秀，一年做下來的成績可以用上一輩子，殊不知，放慢的步調終究趕不上別人的奔跑。

學開車的時候，我認識了一個大哥，他姓徐，我們都稱呼他爲老徐。

老徐每次來都笑呵呵的，手裡拎著一大袋農夫山泉請我們喝。我們都很不好意思，雖然年紀是比他小，卻也不方便總是讓他招待。於是，我們幾個說好要請老徐吃頓飯。老徐是那種跟誰都能聊得來的人，可謂知心大哥。而且，他從不倚老賣老，用教育性的口吻跟我們說話。他還經常跟我們講他在工作中的趣事，我們都很喜歡聽。

這次吃飯的時候也沒能「倖免」。其中一個夥伴就嚷嚷著說老徐跳槽了，一個月的薪水等於他之前一年的年終獎金。

我們都覺得這話太過誇張，雖然嘴上起哄，心裡卻都不相信。這時，另一個夥伴說道：「老徐，那你就說說吧。還有啊，你跳槽到哪了？」

認識老徐的時候，他還是一家超市的倉庫管理員。那是一家地方性連鎖超市，因爲物美價廉很受當地人喜歡，效益還算不錯。

即便如此，作爲一名倉庫管理員，老徐一年的薪水也非常有限，幸好他不抽菸不喝酒，也沒其他什麼用錢的地方，倒是省了一些。

因爲平常也沒什麼興趣嗜好，老徐的心思全都放在工作上。雖然他只是一名倉庫管理員，但與其他同事不同的是，他把本職工作做得非常好，在庫存管理方面有不少經驗。

老徐所在的那家超市有種說法，就是管倉庫缺誰都可以，唯獨不能少了老徐。他的專業和敬業就連超市的總經理都知道，後來就被提拔爲倉庫主管了。

權力大了，責任也大了。老徐並沒有因爲自己升職了就開始懈怠，忙的時候，他也會親力親爲，還會把自己的心得和好方法傳授給其他同事。

然而，即便如此，老徐在超市工作了近十年，每年的年終獎金也不過三四萬元。因爲成家又有了孩子，要用錢的地方多了不少，老徐現有的薪水已經無法滿足一家人的開銷。

老徐本想跟總經理提加薪的事，不料，原來的總經理被調走了，新任總經理一上來就開始壓低成本，特別是人事成本。這樣一來，別說是加薪了，能不能保住原來的薪資和獎金都是問題。

就在此時，一家電子製造企業需要招聘一位倉庫主管，而該企業是中外合資的，平時招聘門檻很高，非國立大學畢業的不要。老徐雖是大學生，卻不是國立大學畢業的。看到招聘條件後，他不得不打退堂鼓。可是他又在想，履歷還沒投呢，怎麼就認定自己不行？於是，他投了一份履歷過去，並附上一封求職信，言辭誠懇。

履歷投了一個月都沒有收到任何消息，老徐很失望，覺得這家企業重學歷，不重能力。正當他轉而去關注別的企業時，這家企業的HR卻打電話來了，請他在規定時間內前去面試。

老徐喜出望外，因爲這家企業是他一直想去的，那裡不僅福利、待遇很好，而且還是世界五百強，進去後也許能跟優秀的人學到不少。

面試結果很不錯，而且對方發現小看了老徐，遠遠沒有想到他在倉庫管理領域這麼專業。談定待遇後，老徐收到了offer。後來，老徐才從部門經理口中得知，是超市的原總經理推薦了自己——原總經理和這家企業的某個部門經理是同學。

老徐現在也是兢兢業業，一點都不敢懈怠。他現在的年終獎金是從前的十倍，靠的不是別的，而是他自己的實力。

盧曉昭近來有點衰。

事情的經過是，一個獵人頭公司在年前找到了盧曉昭，說有一個更好的工作機會要給她。她原本沒有跳槽的打算，只是正好跟上司吵了一架，心裡鬱悶到不行，便回覆對方答應去面試。

面試很順利，對方對盧曉昭的能力和她提出的薪水條件都給予高度的認可。照理說，離職需要一個月的交接期，盧曉昭一算，那時剛好要發年終獎金。於是，她便想等領了年終獎金後再去新公司報到。但她又不能直說，只能告訴新公司說老闆出差了，一直沒辦法辦理離職手續。

盧曉昭就這麼一直拖著，眼看到了發年終獎金的時候，沒想到接到一個通知，說年終獎金等春節之後再發。盧曉昭心想這下完了，不能一直用老闆出差這個藉口啊，於是她想出了另一個藉口——自己身體不好，要等年後才能上班。

新公司一聽就不樂意了，意思是：我們都等妳一個多月了，而且我們這邊也急需用人。照理說，盧曉昭此時就該過去，不過她覺得自己是被挖角的那個人，原本就可以談條件，而她沒有在薪水上談條件，那就在時間上晚一點報到吧。

**Point**

有更好的機會擺在眼前，
就不要再貪戀即將到手的那點好處。

盧曉昭在家裡安心地過了一個年，開工後才知道，年終獎金要分季度平攤到每個月當中。她當下氣急，遞出一封辭職信就走人。

從原公司出來後，她就撥通了新公司人事部的電話，告訴對方她隔天就可以去報到。沒想到，對方很抱歉地告訴她，那個職位已經找到更合適的人了，既然她身體不好，還是以休養爲重吧。

就這樣，盧曉昭因爲年終獎金而錯失了一次更好的工作機會。所謂的機會，可遇而不可求，若想再找一份條件相當的工作，沒那麼簡單。

事實上，有不少職場人都犯過和盧曉昭一樣的錯誤。大家總是覺得年後回來是求職高峰期，可愈是高峰，反而愈難找到理想的工作。既然有更好的機會擺在眼前，就不要再貪戀即將到手的那點好處。

我們都很看重年終獎金，認爲拿得少就是吃虧。事實上，年終獎金的多寡除了和公司效益直接相關之外，還跟自身的努力程度有關係。不要總是把目光放在年終獎金上，你最該看的，是如何提升自己的價值。

## 你可以不喜歡自己的上司，但一定要讓他喜歡你

吐槽上司似乎成了聚會時必談的一個話題，而且每次聚會都能有新花樣。這讓我不禁感慨，這個世界怎麼會有這麼多的奇葩上司。

週末時大家聚會，小吳講了一件事，說她的上司重男輕女，要是男同事去彙報工作，總能平安無恙地出來；要是女同事進去，出來後十有八九哭喪著臉。

我們都猜測那是個女上司，然後以異性相吸、同性相斥爲由安慰小吳。沒想到，她當下辯解道：「上司是男的！」

在安靜了一秒鐘後，琪琪捂著嘴笑說：「你們上司的口味還挺特別啊！」

小吳又搖了搖頭，說上司有老婆，而且他們恩愛有加，相敬如賓。最後，她還說了一句：「總之，我就是不喜歡他這個人，他總覺得自己是從國外回來的博士，

眼睛長在頭頂上。我覺得他就是看不起女性，不信任女性，在這樣的人底下工作，眞是一點幹勁都沒有。」

琪琪語重心長地說：「小吳，我跟妳說，在職場裡，妳可以不喜歡自己的上司，但一定要讓他喜歡妳。」

小吳當時不解，還覺得琪琪的話有問題。她正想辯駁，就聽琪琪講了個故事。

當年，一位名叫方瑤的女孩和琪琪一起進了A公司，她們都是剛畢業的大學生，青澀得猶如一張白紙，稚嫩的臉上掛著一雙茫然而又充滿激情的眼睛。

她們都是學會計的，一同進了財務部。琪琪當時的職位是出納，方瑤是財務助理，同爲財務部經理何然的下屬。

部門第一次聚餐時，琪琪對何然的印象就大打折扣，原本她說請全部門吃飯，結果，先不說她選了一個連包廂都沒有的小餐廳，連酒和飲料都不給上。她說女孩子喝飲料不好，最好喝白開水。

別看琪琪瘦，她其實是個肉食主義者，吃飯無肉不歡。看著菜單上的紅燒肉，她就流口水，她正想開口點一份，沒想到卻被何然搶先，說紅燒肉太膩，夏天吃對腸胃不好。

琪琪當下就把口水給嚥了下去，心想：腸胃是我自己的，好不好又不關你的事，明明就是小氣，還找好聽的理由來說。她轉而點了份青椒馬鈴薯，抬頭看了一眼何然，發現她正朝自己微笑。

後來，其他同事紛紛點了幾份素菜，便把菜單送回何然的手裡。或許是她也覺得自己小氣得有點明顯，便掃了一眼菜單，點了份魚香肉絲。

一頓飯吃得沒有味道，琪琪感覺沒吃飽。回去的路上經過蘭州拉麵館，她進去點了一碗牛肉麵，還特意請老闆多加了幾塊牛肉。等麵端上來的時候，麵館進來一個熟人，是市場部的一個同事。

兩人寒暄後，就面對面地聊了起來。

同事很納悶地看著琪琪，問她爲什麼這麼晚了才吃飯。琪琪正愁著該如何開口，便見對方眼睛一亮，問了句：「對了，你們部門今天聚餐是吧？」

琪琪點點頭，以飯館的菜不合口味搪塞了過去。沒想到，同事笑著說：「不是不合口味，是沒吃飽吧？」

見同事說得這麼準，讓琪琪很是意外。緊接著，同事便說何然小氣是全公司出了名的，出去吃飯基本上都不掏腰包；要是自己請客，餐廳規模就不提了，菜一定都點素的，不過，她還是會爲了顏面而點一份葷菜：魚香肉絲。

琪琪聽完就笑了，兩人開始就何然的小氣聊得火熱。

同事雖然不是財務部的人，但因爲是老員工，對何然也頗爲瞭解。同事還說了何然不討人喜歡的地方：一個是愛挑剔，另一個是說話囉嗦。

愛挑剔這一點，其實琪琪已經深有體會，她進公司的第一天，就被何然挑剔她做報表的速度太慢，簡直可以和烏龜相比。

此外，何然還特別喜歡在下班前交代新任務，而且這些任務都很急，要麼是當天就要完成，要麼是第二天一早就要完成。試問：哪個員工喜歡這種變相的加班？

至於何然其他的奇葩表現，就是週末的奪命連環call，害你不得不放棄大好的週末時光奔赴公司，在電腦前坐一天。而且，這還不算加班。

林林總總下來，琪琪對何然算是積怨已久。被同事這麼一說，她馬上就感同身受，說個沒完。

至於說話囉嗦，琪琪就更有發言權了。她每次去跟何然彙報工作，何然有用的沒用的全都說給她聽，所以她一站就是半小時。若是部門開會，結束後就到了下班時間。因此，琪琪特別害怕看到會議通知，如果時間早還可以；要是時間很晚，或是離下班只有一小時，她那一天都會很鬱悶。

琪琪不是一個懂得掩飾的人，儘管她已經很克制了，但她對何然的不滿全都掛在臉上。

可是，何然是誰啊，就算她再小氣、再囉嗦，那也是部門主管，怎會看不出琪琪對自己的厭煩？既然下屬不喜歡自己，自己又何必喜歡她、看重她？

琪琪做到第三年的時候，終於因爲忍受不了何然對自己的挑剔而離開了公司。但和她一同進公司的方瑤卻不是這種結局，更讓她不解的是，方瑤工作兩年就升職了，而方瑤也曾親口對自己說過何然的壞話。

琪琪因此認定方瑤是個言行不一的人，人前一套、背後一套，說不定還在何然的面前出賣過自己，她對方瑤不免頓生恨意。

眞正的原因，她也是後來才知道的。

與琪琪不同的是，即便方瑤很不喜歡何然，也不認同何然的某些做法，但她深知一點——何然是自己的上司，她能不能從助理變成專員，能不能在財務部立足，靠的全是何然。

因此，即便何然有一萬個不是，方瑤都可以理解成這是何然的一部分，每個人都是不完美的，上司也是人，也會有不完美的地方。既然這是再普通不過的事，那她又爲何盯著上司的缺點不放，而不去看看她的優點呢？

能當上主管，說明何然具備一定的能力。作爲新人，方瑤的關注點在於向上司學習業務，以期盡快讓自己融入角色，當你這麼做了，你會發現原來上司也有很厲害的一面。

除了向上司虛心學習業務，方瑤還懂得隱藏自己的情緒，對何然這個人有意見是一方面，何然是自己的上司要奉承又是另一方面。

方瑤深諳何然的喜惡，知道她喜歡什麼樣的報表，喜歡聽什麼樣的彙報，最想看到自己把工作做到什麼程度。既然很清楚，做的時候就會順手得多。

長久下來，何然自然會對方瑤另眼相看，在她眼裡，方瑤是個很努力、很上進的員工。相比動不動就臭臉的琪琪來說，方瑤的ＥＱ更高，也更懂得控制情緒。如此一來，何然沒理由不喜歡方瑤，也沒理由不討厭琪琪。

對何然來說，員工喜不喜歡自己無所謂，重要的是，上司喜不喜歡自己。能爲自己做事，而且做得不錯的人，就值得自己喜歡，方瑤就是那種員工。因此，方瑤升職了，琪琪離職了。

琪琪還講了自己後來的職場經歷，她的總結是：我這麼能幹的優秀人才現在居然還是小職員，根本原因就是上司不喜歡我。

她囑咐小吳：「我已經這樣了，沒辦法重新選擇，妳一定要記住我的經驗教訓，不管妳再怎麼討厭妳的上司，都不要讓他感覺到。相反地，妳要拼命地讓他喜歡妳，因爲只有這樣，妳才能收獲更多。」

記得有位同學用一句話來形容老闆和員工的關係：「老闆虐我千百遍，我待老闆如初戀。」其實，讓你的上司喜歡你，並不需要你做一些違背內心的事，而是至少要做到讓他不討厭你。

職場就是形形色色的人群聚合地，每個階段遇到的上司都不一樣，如果僅僅是因爲自己不喜歡某個上司就不願意好好工作，或是萌生換工作的想法，那就得不償失了。**讓你的上司喜歡你，可以讓你得到比其他人更多的機會。比如，你可以得到更多的鍛鍊，認識更多的人，接觸更大的社交圈。如果說一道職場題可以有三種解法，那麼，你的上司就是可以教你三種解法的人。**

Point

不管你再怎麼討厭你的上司，
都不要讓他感覺到。

# 越級有風險，用時須謹慎

倩倩突然傳訊息給我，叫我去趟頂樓。

頂樓是個好地方，那是我們透氣吹風的地方。但今天似乎有些不同，倩倩的訊息讓我明顯感覺到一種緊迫感。好在手頭上的工作忙得差不多了，我拿上手機便去了頂樓。

頂樓只有倩倩一個人，她纖瘦的身姿被高樓凸顯得愈發清晰。看見我，她便紅著眼睛對我說：「瓊華，我被開除了。」

我的第一反應是：這怎麼可能！

且不說倩倩來公司已有三年，兢兢業業，勤勤懇懇，業績突出，是行銷總監手裡的一張王牌。再者，最近也沒聽說公司要裁員的消息，而且即便真有裁員的打算，也不可能裁掉倩倩啊！

我見她面露緊張的神色，雙肩微顫，心想這個消息並不是烏龍，對她而言，大概也很突然。我問道：「總監找妳談過了？」

倩倩搖搖頭，說：「是人事部。我當時覺得簡直難以置信，實在想不出來公司辭退我的理由是什麼。我問了人事主管，可是他不肯明說，到現在我都不清楚是怎麼回事。總監又剛好在外出差，也不方便打電話問。」

聽她這麼說，我打算去人事部瞭解一下情況；另一方面，我安慰她做好最壞的打算。

人事部的小周是我大學同學，平時交情不錯，她現在是人事部副主管，這件事她一定知道。我沒約她出來，只是像往常一樣跟她在LINE上打聽最近公司在用人調度上的動向，還特地告訴她想推薦一個人來公司應徵。

訊息一傳出去，小周秒回。她說：「現在不行啦，公司調整人員，上頭有裁員的計畫。」

我一驚，再次跟她確認此事，她很肯定地告訴我，裁員計畫很快就會通知各部門，不過人數不多。最後，她又說：「對了，跟妳關係不錯的那個倩倩就在這次裁員的名單裡。」

我裝作不知情，跟她聊了起來。我表達了自己的震驚，又把倩倩這幾年來的業績和表現說了一遍，千言萬語匯成一句話，就是裁員裁掉誰都沒理由裁掉倩倩啊。

小周告訴我，倩倩業績沒問題，表現沒問題，唯一裁掉她的理由就是——她得罪了頂頭上司。

倩倩的頂頭上司？那不就是行銷總監嗎？倩倩是他的得力助手，又怎麼會得罪他呢？

之後，小周才告訴我原委。

原來，倩倩的事業心一直很強，她不甘於只做業務代表，還想升一級，做區域經理。但公司遲遲不發出升遷的公告，好不容易才在年初從人事經理那裡得知徵人的消息，倩倩便想應徵這個職位。

當時的情況是，行銷總監人在海外，楊副總分管行銷。一年前，倩倩因爲簽下一筆大單被楊副總另眼相看，還寫信給全公司進行表揚。緊接著在三亞舉辦的競標會上，倩倩表現突出，又給楊副總留下了不錯的印象。

倩倩記得很清楚，當時楊副總就拍著總監的肩膀說：「這個女孩值得器重啊！」

不僅如此，但凡是倩倩出差，報銷全都審核得特別順利。

楊副總看重倩倩這件事整個公司都知道，甚至，楊副總有時還交代她一些其他工作。大家都明白公司有心栽培倩倩，過不了多久，她就會升爲中階主管。

倩倩和大家的理解是一致的，所以，在升遷這個節骨眼上，她便有了私心。她很瞭解總監這個人，他平時不苟言笑，做事過於謹愼，幾乎很少主動推薦自己部門裡的人晉升，並不是個好溝通的人。但楊副總就不一樣了，他雖然年紀大一些，但性格開朗，沒有架子，非常平易近人，還喜歡和年輕人在一起。

倩倩覺得如果她先跟楊副總打個招呼，礙於楊副總的面子，總監一定會提拔她。於是，她想好後，就寄了一封郵件給楊副總，還親自去楊副總的辦公室毛遂自薦。

楊副總很清楚倩倩的能力，兩人談得非常順利。

倩倩滿意地從辦公室裡出來，以爲這次升遷之事就此落定。殊不知，還不到一個月，就傳出裁員這樣的噩耗。

小周告訴我，倩倩犯了職場裡最大的一個忌諱，那就是越級！她本以爲「官大一級壓死人」，想利用關係達到自己的目的，但她用錯了。即便總監這個人比較難溝通，即便他當時在海外，倩倩還是必須先徵求他的意見，因爲他才是她的直屬上司。

如果每個人有什麼事都直接越過上司去找總經理，那麼，你把上司放在什麼位置？這樣的做法會讓上司覺得你不夠尊重他，既然你的眼裡沒有他，他又何必留你？

說來也巧，人事變動前夕，楊副總被調回總部，公司裡再也沒有人能爲倩倩說話了。

倩倩的事令我們惋惜，卻也給我們敲響了警鐘。在職場中，如何跟上下級相處以及如何越級相處，是一門大學問。不要以爲能力是唯一的衡量標準，職場規則也需要每個職場人去學習。

還記得我做第一份工作時參加公司的培訓，培訓老師曾講過這方面的一個例子。例子中的主角叫曉梅，是某集團分公司事業部的職員，做的是市場專員。她邏輯清晰，反應快，做事俐落，讓上司很是喜歡。

說起來還滿妙的，曉梅是在晨跑時遇到人生中的貴人的。

那時，曉梅住在公司安排的宿舍裡，每天早上六點起床，然後去晨跑。這時因

Point

不要以為能力是唯一的衡量標準，
職場規則需要每個職場人去學習。

爲人少，跑步的人彼此都會認識。其中，有位中年男士也和她同時去跑步。起初，他們只是你看看我，我看看你，最多只是給對方一個官方式的微笑。

後來，有一次曉梅負責接待客戶，而其中的一個陪同者就是這位中年男士。當時礙著工作，兩人也不過是對對方禮貌地一笑，便各忙各的了。

原來，那個中年男士就是公司研發部的張總監。

曉梅在這期間有一個簡報演示，還要負責帶著外籍客戶及一些陪同人員在廠裡參觀，都是用英文講解。曉梅做得很認眞，回答客戶的問題也清晰自然，沒有出過任何錯。

參觀結束後，曉梅將他們送上商務車。上車前，那位張總監頗是欣賞地稱讚了她的英文水準，以及她盡心盡力的講解和陪同。

曉梅當時只是微微一笑，而讓她沒想到的是，這給了她一個難得的機會。接下來的兩天，張總監比較忙沒有去跑步。第三天，張總監去跑步時又遇到了曉梅。兩人因爲已經認識了，便聊了起來。

令曉梅意外的是，張總監居然知道很多她在本職工作上的表現。就在她瞠目結舌的時候，張總監對她說：「曉梅，我這裡需要一個像妳這樣的人做助手，妳可有意願？」

研發部本來就是公司的核心部門，而且還是總監的助手，這個機會對曉梅來說簡直就是天上掉下來的禮物。這麼好的機會，她怎麼可能錯過呢？

不過，曉梅並沒有被興奮沖昏了頭，她按捺住內心的驚喜，很穩重地對張總監說：「謝謝您的邀請，能做您的助手是我的榮幸。但因爲我現在還在市場部，可否容我先聽聽徐經理的意思呢？」

張總監聽後笑了笑，說：「應該的，妳去問吧。」

徐經理是曉梅的直屬上司，於是，她將張總監對她的邀請跟徐經理講了，言語間並沒有透露出急迫感和炫耀感，整個談話進行得輕鬆自然。

徐經理聽後，內心也頗爲高興，他直言道：「這是好事，妳能做張總監的助手，對我來說也是件很榮耀的事。這樣吧，我這就聯繫人事部，幫妳調動職位。」

曉梅如願到研發部做了總監助理，非但沒有得罪原來的上司，反而還讓他很有自豪感。這充分證明，曉梅不僅專業水準高，在處理職場關係上也很有能耐。

也許大部分人會這麼想：我已經找好了去處，跟上司說了，萬一他不讓我走該怎麼辦？那豈不是更難辦？

事實上，如果你能升遷，無論對你還是對你的主管來說都是一件好事。對你的主管而言，首先，你被別的高層看中，說明他培養有方；其次，正所謂飲水思源，你升遷後念及曾經的關係，在日後的工作開展上也會對他更有利。

這種雙贏的結局，誰不喜歡呢？**不要總是把你的上司想得那麼糟糕，也不要輕易地以為只要老闆欣賞自己，你就有資格在上司面前指手畫腳，更不要試圖通過這種途徑來達到你的某個目的。**

**這麼做，你的上司會認為你是在架空他。所以，不要輕易越級，尊重別人就是尊重自己。**

# 不要小看職場禮儀

桃子哭喪著臉跟我說，我幫她推薦的面試泡湯了。我聽了很納悶，結果還沒出來，她怎麼就這麼肯定呢？

細問之後，我才知道桃子的應徵經過。面試她的那位徐經理特別嚴肅，問了她幾個特別難回答的問題；別人面試了半小時，而她不到十分鐘就結束了。這表示，對方根本就沒有進一步想瞭解她的意思。

最後，桃子覺得既然一開始就沒看中她，又何必讓她大老遠地跑來參加面試呢？我安慰她，叫她不必這麼著急，同時我去人事部那邊打聽打聽，看看究竟是怎麼回事。

桃子心情很不好，最後嘟囔了一句：「總之，我就是覺得你們的徐經理好像對我有惡意。」

工作是我推薦的，桃子又是我多年的好友，這個忙幫成這樣，我自己也覺得難爲情。於是，我找了個理由去了趟人事部，順便跟負責招聘的小英談起早上的面試情況。

小英當然猜到了我的企圖，一本正經地對我說：「妳推薦的那個女孩，恐怕是不行。」

我問道：「她哪裡不符合要求？」

小英皺了皺眉，說：「具體的事我也不是很清楚。從履歷上看，其實她很符合這個職位，但似乎是徐經理對她不滿意。」

我一聽，更加困惑了，問她：「你知道是什麼原因嗎？」

她搖搖頭：「我也很納悶，照理說，徐經理是第一次見她，他們之間應該不會有什麼過節啊。而且，徐經理也不是愛挑剔的人，平時對待下屬都很溫柔。妳要是眞的想知道原因，就只能去問徐經理本人了。」

我聽後，頓時覺得事情似乎比我想的還要複雜，可是到底有多複雜呢？那不過是個普通員工的職缺罷了。

下午的時候，正好遇到了徐經理，我跟他打了個招呼，因爲他所在的部門和我們部門經常有合作往來，因此在業務上也是能聊得起來的。

沒想到，徐經理竟主動跟我提起上午的面試。他問我：「聽說那個桃子是妳的大學同學？」

被他冷不防這麼一問，我還有點搞不清狀況。我點了點頭，順便問他覺得桃子怎麼樣。結果他搖搖頭，隨後跟我講了一大早進公司的事。

我們公司在二十三樓，八點半上班，一大早等電梯的人很多。和平常一樣，徐經理拎著公事包在電梯前等候，他眼看著電梯門開了，誰知一個女孩從他身邊擠了過去，一腳踏入電梯。

人很多，電梯又小，但這個搶先進電梯的女孩也不往裡面站，就守在門口的按鈕處，導致後面的人頗有微詞。更讓人生氣的是，她連句抱歉的話都沒有。

那時，徐經理就心想：如果這是我的員工，我早就開除她了。

結果，那個女孩也到二十三樓，電梯一停，她又搶先一步跨了出去，讓徐經理看了更生氣。只是，那時他沒想到九點鐘的面試會再見到她，而她正好就是我推薦的桃子。

徐經理看著坐在對面的桃子，瞧她那副明明不懂職場禮儀卻硬要裝出文雅的模樣，就想再瞭解她一下。結果，一瞭解就更讓他失望了。

最後，徐經理說：「這個細節在妳看來可能沒什麼，她可能只是爲了不遲到，給自己留出多餘的時間來準備面試，但她疏忽了一點，職場禮儀在工作中至關重要，是絕對不容忽視的。

或許，如果她早知道要面試她的人是我，可能會在電梯裡對我禮貌一些，但這並不能說明她是懂禮貌的。

我們做的是銷售行業，天天跟客戶打交道，不要以爲接待客戶只需要吃吃飯、喝喝酒就可以了，裡面的講究和禮儀多著呢。她可不是一個初出茅廬的大學生，這些事不該讓我來教。」

徐經理的話讓我無力反駁。至於桃子那邊，我則寄了一封標題寫著「商務禮儀」的文章給她，既然有些話我不方便明說，那就讓文字告訴她吧。我相信，聰明如她，不會不明白我想表達什麼意思。

的確，正如徐經理所講，我們雖爲職場中人，卻很少瞭解職場禮儀的細節。

有個朋友曾跟我抱怨，說她的一個下屬居然寄了一封標題只有兩個字、內容沒有開頭和署名的郵件給她。她說，當時她就把那個下屬叫了過去，給他看看正式郵件是什麼樣子的。

作爲職場中交流和溝通用的、最普遍的一種方式，郵件其實有很多講究。收件者應該選擇什麼人，副本應該選誰，標題怎麼擬定才能讓收件者一目了然，而正文部分如何措辭，署名該怎麼標，這些都有講究，不可亂寫。

寄信還只是小事，職場禮儀中最重要的是餐桌禮儀。

不久前，夢夢跟我說了一件事。她說公司來了兩位山東客戶，洽談完正事之後，公司要招待他們吃頓飯。然而就是這頓飯，把夢夢升遷的事給搞砸了。

當時，負責招待客戶的是夢夢和她的上司以及公司經理。

夢夢訂了一家靠海邊的飯店，風景很不錯。座位是她安排的，她還特意引薦客戶坐到了指定的位子。

這時候，經理給夢夢使了個眼色，但她沒看懂。

經理只好對客戶說：「早就聽說山東是禮儀之地，做什麼事都有講究，特別是餐桌上的禮儀。既然今天你們是客，我們就按照山東的禮儀來。」隨後，經理走到門對面的位置，然後拍了一下夢夢，讓她招呼客戶入座。

當下夢夢才理解了經理的眼色，原來是座位弄錯了。她想：完了，都怪我沒有事先瞭解山東的餐桌禮儀。

兩位客戶根據職位的不同，分別於大客和二客的位子入座。經理是主人，於主人的位子落座。夢夢本想坐到門口旁正對著經理的那個位子，主要是爲了方便上菜以及倒酒。沒想到，經理及時開口，讓她的上司坐到那個位子。

夢夢一時之間有些丈二金剛摸不著頭腦，最後按經理的指示，在上司身邊入座。

夢夢哪裡會想到山東的餐桌文化竟有這麼多的講究。爲了壓抑內心的緊張和不適，她起身倒酒。

每個客人的面前放著三個酒杯，而櫃子上預備著兩種酒。夢夢想了想，便將紅酒倒在高腳杯中，把香檳倒在大杯中。這一倒，夢夢發現經理的臉又黑了——她再次陷入了不解中，究竟哪裡又做錯了？

此時，上司走過來，從她手裡接過杯子，笑稱：「妳想試試酒的好壞也沒必要倒這麼多呀。」

隨後，上司重新拿來兩個杯子，夢夢看著他往大杯裡倒了水，中杯裡倒了紅酒，高腳杯裡倒了香檳。這和她的做法截然相反。

上司一邊倒，一邊小聲對夢夢嘀咕：「這些事妳最好記在心上，下次不要再出糗了。」

因爲連續出了兩個紕漏，這頓飯吃下來，夢夢是大氣也不敢喘一口，更別提說話了。其間，頂多是別人問她，她才會回答那麼一兩句，大部分時間就靜靜地坐著。她不知道別人會不會覺得難受，但她覺得自己難受極了。

快吃完飯的時候，夢夢想先去結帳，便偷偷地問了隔壁的上司。

上司回答：這個妳不用擔心，不需要妳來結帳，坐我這個位子的，就是負責結帳買單的，現在妳知道爲什麼經理不讓妳坐這裡了吧？這次妳得好好記住，回去多瞭解一些地方習俗。

次日，上司告訴她，她升遷的事被駁回了，上頭覺得她資歷淺，需要再磨煉一年試試。

話雖這麼講，夢夢卻清楚到底是什麼原因導致她此次升職受阻的。只是，令她意外的是，她遠遠沒有想到，一次簡單的餐桌禮儀會成爲自己職場路上的絆腳石。

從那之後，夢夢開始認眞學習職場禮儀。新年之際，總部的查理斯先生來了，公司決定把尾牙辦得有特色一些。夢夢在尾牙上表現突出，很得查理斯先生的讚賞。與此同時，部門主管也看到了她的改變。次年，她如願升職。

你以為可以隨意的禮儀，其實是體現一個人綜合素質的重要因素。進入職場前，每個人都應該學習一些禮儀，以便幫助你在職場中順利地開展工作。

職場禮儀不只是口頭上的虛晃之詞，而是每個人都要必備的基本技能。

# 細節決定你的成敗

曾看過這樣一個故事：黃河岸邊有一片村莊，村民們在岸邊築起了一道長堤，目的是防止水患。

有一天，一個村民從長堤旁邊經過，不經意看到了幾個螞蟻窩，他心裡就有些擔心。後來，螞蟻窩漸漸增多了，他的擔憂也增加了。他正猶豫著該不該把這件事告訴村長，以免螞蟻窩增多導致長堤崩潰。

村民在回去的路上遇到了自己的叔叔，便說起這件事。叔叔聽後，很不以爲然地說：「怕什麼，這長堤如此堅固，小螞蟻怎麼可能穿透。」

村民聽叔叔這麼一說，覺得也有道理，便沒再將這件事放在心上。

然而，沒過多久的一個晚上，風雨交加，黃河水暴漲。洶湧而來的河水從螞蟻窩開始滲透……，沒多久，河水沖決長堤，淹沒了沿岸的大片村莊和田野。

想必村民和他叔叔都沒想到，那小小的螞蟻窩竟眞的成爲長堤崩塌的關鍵因素。正所謂：千里之堤，潰於蟻穴。

細節往往是最容易被我們忽視的，然而，能否把握細節卻是決定成敗的關鍵。正如汪中求先生在《細節決定成敗》一書中所說的：「**芸芸眾生能做大事的實在太少，多數人的多數情況只能做一些具體的事、瑣碎的事、單調的事，也許過於平淡，也許雞毛蒜皮，但這就是工作，是生活，是成就大事不可缺少的基礎。**」

當今時代流行創業，創業的人很多，最後成功的卻很少，究其原因，歸根究柢就是細節做不到位。

小安也是個創業者。研究所畢業後進入一家外商企業工作了三年，從事市場行銷工作。之後她又進入一家做外貿的私人企業，從事銷售工作。兩年後她離職了，拿出積蓄和朋友合夥創業，在網路上賣有機蔬菜。

這個想法源於她每天都爲了吃飯而困擾。那時她想，如果每天不用買菜、洗菜，而是直接做了就吃，豈不是更省時間？

正巧，有個同學的親戚在郊區有一片菜田，全是種植有機蔬菜，離市區也沒有很遠。關鍵是乾淨，吃得放心。可惜的是，有機蔬菜雖好，銷售卻沒有太好。

從那時起，小安就想做這件事，但因爲沒想到利潤點在哪裡，以及行銷方式如何展開，不得不暫時擱置。後來，是一個同事某句無心的話提醒了小安。

同事當時抱怨說，一個人做飯吃，都不知道需要多少蔬菜才合適，多了吃不了，少了就不值得做。而且，不能總吃外食，因爲外食的衛生品質沒辦法保證。

小安想：如果她把菜園裡的菜，按單人一頓飯的量全都洗好、切好，再包在衛生的塑膠盒中，消費者可直接購買自己想吃的菜，回去後只要洗一遍就可以直接下鍋，而且還不會浪費，這樣不是很好嗎？

想法是有了，但合夥人又提出了一個難題。他說：「你如何斷定一個人吃的蔬菜量呢？有的人吃得多，有的人吃得少，量可不好判斷。」

小安一聽，覺得確實有道理。於是，她在臉書上做了一次調查，要求參與投票的人員選擇性別、年齡區間以及對菜品的喜好等。

這次調查爲期三十天，之後，小安根據調查結果將菜量分爲小份、中份和大份三種，另外在盒子外面備註了每一種分別推薦哪種族群使用。

至於有機蔬菜的銷售管道，因爲小安訂出的目標族群是年輕的上班族，一般是一到兩人的需求量。又因爲是在網路上銷售，因此，最好的方式是選擇宅配到府。

於是，小安開了一個粉絲專頁，最先從臉書開始推廣，然後是LINE、社群網站、新聞等熱門媒體。很快的，她有了第一筆訂單。

小安一直在這件事上不斷地思考，從而發現問題、解決問題。後來，她在超市裡也開始鋪貨有機蔬菜，銷量很不錯，而這一切都源於當時被她注意到的一個細節。大家現在都羨慕小安的生意越做越大，而這曾是他們當初瞧不起的小買賣。

曾有人說過，想做大事的人有很多，但願意把小事做仔細的人卻很少；我們不缺雄韜偉略的戰略家，缺的是精益求精的執行者；我們不缺各類管理規章制度，缺少的是對規章條款不折不扣地執行。我們必須改變心浮氣躁、淺嘗輒止的毛病，提倡注重細節、把小事做仔細。

周楠是某儀錶公司亞太地區的銷售經理，因爲開發了一位日本大客戶而受到高層的重視。自從生意促成之後，一直沒有出什麼問題。沒想到兩週前客戶寄郵件來，說收到的產品有品質問題，因數量頗大，他決定親自來一趟，當面解決此事。

周楠立刻將此事彙報給行銷總監。同時，她將客戶在郵件中提到的品質問題及

**Point**

想做大事的人有很多，
但願意把小事做仔細的人卻很少。

圖片發給了品管部門。公司高層在客戶到來之前開了一次會，核心就是商討問題的根源和解決方法。

客戶來的那天，周楠親自帶著口譯去機場接機，然後直接進公司。這次會議，品管部門、行銷部門的相關人員都參加了。令周楠感到奇怪的是，對方竟然十分熟悉所有產品的型號、規格、單價、到貨日期等詳細資訊。她是銷售人員，也只能記住其中一兩種資訊，不可能把所有的細節都記清楚。

當周楠看到日本客戶做的資料表後才明白，原來對方早已經將所有產品的詳細資訊標注在表中，而且精確度是到每一個零件。當時，周楠也拿著表，卻因爲內容沒那麼精細，中途遇到個別問題還需要到電腦上看資料確認，這讓她很是尷尬。而更令她尷尬的是，所謂的品質問題竟然是因爲少了一枚螺絲所導致的。

公司根據出貨日期調出那天生產的所有產品，發現其中一包放置零件的塑膠袋裡少裝了一枚螺絲，而另外幾個袋子裡則裝了比正確規格小了一毫米的螺絲。

看似正常的背後，實則隱藏著很多細節上的失誤。一毫米、一釐米看似很小，卻是失之毫釐，差之千里。老子說：「天下難事必作於易，天下大事必作於細。」想要成就一番事業，必須從最簡單的事開始，必須從細節做起。

想做大事的人有不少，最終能成功的卻很少。究其根本原因，就是沒有從細節著眼——或許是你沒注意到，或許是你注意到了，卻因爲過於微小而沒去做。

小霍不久前犯了一個大錯，並因此讓公司損失了不少錢，還差點被開除。說起這個大錯，竟源於小小的幣種問題。

小霍在一家跨境電子商務公司上班，一開始接觸的都是美國市場，平臺主要是亞馬遜。做了一段時間後，因爲表現良好，她被推薦到了歐洲市場。

她負責的是平臺營運，需要整理商品資訊，安排上架。也許是之前她做美國市場的時間過長，在設置價格的時候，她誤認爲美元。結果，她做歐洲市場時也按照美元的價格上架。

產品賣得很不錯，小霍還在沾沾自喜，心想著這個月又可以多拿一些獎金。到了月底，財務部那邊發現公司有幾種產品都在虧本銷售。經查，這幾種產品恰好都是小霍上架的。

主管把小霍叫到辦公室，劈頭訓了一頓。小霍覺得很冤枉，自以爲已經夠小心謹慎了，但還是犯下這樣粗心大意的錯。她懊悔不已，跑出去哭了很久，但眼淚並

Point 天下難事必作於易，天下大事必作於細。

不能解決任何問題。因爲自己的問題而導致公司遭受了損失，她回去想了一晚上，深思熟慮後決定辭職。

第二天，當她把辭職信交給主管的時候，主管詫異了，還以爲她是不堪壓力而要辭職。後來主管找她談了一下，念其態度端正，加上從前表現良好，便不再追究。事實上，只要小霍細心一些，她就會發現幣種沒有更改到的問題。

這樣的問題在工作中十分常見，有因爲小數點錯誤而導致利潤損失的，有因爲把商品名稱記錯而導致出貨錯誤的，有因爲出貨時沒看清楚標籤而導致把兩個相似的產品搞混的……林林總總的失誤，都是因爲不注重細節導致的。

如果一個企業可以少一些因細節失誤而導致的損失，如果每一個員工都能從小處著眼，不放過任何一個可能導致出問題的細節，那麼企業的運作就會更有效率，利潤也會更高。

**職場最忌諱的就是大錯沒有，小錯不斷。追求完美，把工作做精細，你才能脫穎而出。**

CHAPTER

# 05

# 累死你的不是工作，是工作方法

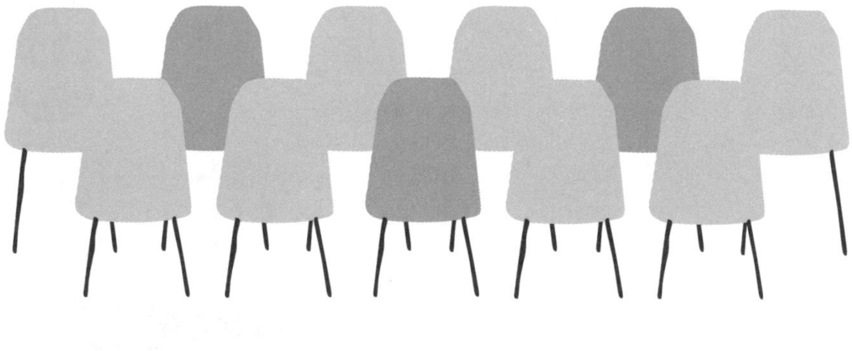

# 累死你的不是交際應酬，是社交方法

職場人都特別注重社交，初到職的新人希望能有經驗豐富的上司來指導一二，幫助自己盡快融入角色。而不同行業的人，希望透過社交得到更多的合作機會；圈子裡的小人物希望通過社交認識大人物，來提升自己在行業裡的地位。

社交在日常生活和工作中發揮著越來越重要的作用，使得人們都開始關注並參與其中。既然社交如此重要，即便是內向的人，也不得不重視和學習。

那麼，你是不是真的懂社交呢？

我的鄰居孫穎是證券經紀人，她很熱衷於社交。幾乎每天晚上，她從公司回到家，就會馬上換好衣裝匆忙地前去赴會。

她這麼忙，自然沒時間收拾家裡，廚房裡的蔬菜發霉了，她都不管。不過，每週日她會來一次大掃除。有一次，孫穎心血來潮，想自己做頓飯吃。結果，菜都下鍋了，她發現家裡沒鹽了，便急匆匆地跑到我家來借。

某天，孫穎邀請我到她家去吃飯，我的第一反應是：她家的食物夠不夠新鮮？鹽放得夠不夠？孫穎可能是看出了我的擔憂，笑著說：「放心吧，一半飯菜是我從飯店打包的，現成的。」

我有點尷尬，畢竟人家是個大忙人，還特地抽空邀我吃飯。就爲了心裡的那點抱歉，我答應了她，而且拿了一瓶紅酒過去，當作這頓飯的回禮。那天就我們兩個人，飯沒吃多少，大部分時間都花在聊天上了。

我感歎地說：「每天見妳跑來跑去的，眞是辛苦啊！」

孫穎苦笑著說：「我做這行不辛苦一點根本賺不到錢，而且，這一行最重要的就是資源。所謂資源，歸根究柢就是人脈，如果你名下的股票沒有客戶去買，你也只能拿到很少的底薪。」

我說：「妳天天都出去應酬，人脈肯定沒問題吧？」

孫穎搖搖頭，說：「現在股票市場不好，人們即便有錢也不敢拿去買股。而銀行利率再低，最起碼能保底，大家寧可把錢存銀行，也不肯花在股票上。」

我問她大多去什麼樣的地方應酬，對方都是些什麼人。

孫穎告訴我：「都是我的同學和同事身邊的朋友，偶爾能遇到個當老闆的，但根本就說不上話，因爲自己身份不夠。」

聽到這我就納悶了：「那妳把時間和精力都投進去了，卻沒有得到效果啊！」

孫穎點點頭說：「是啊！」

明知道是無效社交，孫穎卻還在繼續，不僅浪費了時間，還把自己弄得很累。眞正的社交應該是你來我往，互惠互利的。只有當雙方都覺得對方有利可圖時，社交才可能實現它應有的效果。

同樣從事證券業的朋友葉明，就不像孫穎那麼忙碌。若沒有什麼事，他的生活都很規律，每天早上六點起床，晨跑半小時，回來後看新聞，吃早餐，然後上班。晚上下班後，通常在七點前回家。他偶爾會玩遊戲，大部分時間都在看書或是做證券業報告。

葉明的生活與孫穎截然相反，讓我很是納悶。有一次，我忍不住問他：「難道你就不需要資源和人脈嗎？」

葉明說：「當然需要啊！」

我又問他：「那我怎麼從來沒聽你去參加什麼應酬之類的活動？」

葉明告訴我，他也會去，但都是有目的、有計畫的，比如業內的聚餐、論壇或是沙龍。他還會看參加這些活動的人有誰，值不值得他去——如果值得，即便對方沒有邀請他，他也會想辦法去；如果不值得，他一定不會浪費時間。

我想了一下，說：「如果是這樣，那你認識的人還是不夠多呀。」

葉明呵呵一笑，對我說：「你覺得多少是夠多呢？有些人不是你想認識就能認識的，就算認識了，今後用不上也是白搭。

這就好比，你開了臉書粉絲專頁想做網紅，一開始你沒有粉絲，就花錢去買，結果你的粉絲數量上來了，卻沒人去關注你發文的內容。他們不轉發，這樣的粉絲即便多達百萬，對你又有什麼意義呢？

你倒不如用心經營千百個忠實粉絲，他們時刻都關注著你，你發什麼他們都轉發，如此積少成多，效果絕對好過百萬個沒在關注的粉絲。」

葉明的話讓我醍醐灌頂。對他而言，他就是求精不求多，凡是在他通訊錄中的人，隨便一個電話打過去，就能解決他當月的業績任務。而這些人就是他一步步交心來的，從不認識到熟識，再到可以互幫互助。

最後，葉明總結道：「眞正的社交不是單方面的，而是雙方面的。也就是說，你想透過結交對方來代表你完成某件事之前，最好先想清楚自己能爲他做什麼。如果你只是單純地想從他身上獲取對自己有利的東西，而他又看不到你能爲他帶來什麼好處時，那麼，他不可能成爲你的人脈或是資源。」

那天，小武在LINE上很生氣地跟我抱怨，說跟他合作三年的出版社不跟他續約了。我問他爲什麼。他說，還不是因爲現在出版市場效益差，人們都不買紙本書了。我認爲這不是根本原因，如果市場眞的差到沒人購買紙本書，那每年也不會有那麼多的新書上市。

小武繼續跟我抱怨，他的意思是，虧他跟這家出版社的主編關係還不錯，可以算是他的恩人。當年他四處投稿都沒有人願意出版，就是這家出版社答應了，於是便有了他的處女作，一部武俠小說。這本書賣得一般，卻也不是太差。

小武一鼓作氣又寫了一本，這次是歷史武俠小說。他沒有投別家，直接找了這家出版社，主編很欣賞他的文筆，出版後結果大賣。從此，出版社開始向他邀稿。

你想透過結交對方來代表你完成某件事之前，最好先想清楚自己能為他做什麼。

Point

他說，那本書大賣後還有別的出版社向他邀稿，但他都沒答應，原因就是自己是個懂得感恩之人，念著這家出版社的好，於是就都推掉了。

他還因此跟主編越走越近，兩人的友誼從網路延伸到現實中，時常會一起喝個下午茶，討論一下當今的圖書市場。

事情發生改變是在一年前。小武和主編因爲下一本書的題材發生了爭議。小武的意思是，金庸是他的偶像，他決定這輩子和金庸一樣就寫武俠小說，把這個類別寫到無人能超越。

但主編不樂意，原因有兩個：第一，武俠小說現在銷量並不好，很難出。第二，現在盛行勵志類文集，小武寫了那麼久的武俠題材，天天看著裡面的人物打來打去，早就看膩了。

小武一聽勵志類題材就頭疼，他直言道：「市場上已經有那麼多的勵志書了，讀者不覺得了無新意嗎？」

主編氣急了，說：「你別管讀者會不會覺得無聊，這就是市場需求。」

最後兩人話不投機，主編的意思是，如果小武不轉型，就不再向他邀稿。

小武也很生氣，心想道：還有很多家出版社想拿到我的稿子呢。於是，他轉而聯繫那些曾經聯繫過他的編輯，結果人家都回覆說現在不出武俠小說，要麼就是先發來樣張看看。小武鬱悶得很，於是就用LINE跟我抱怨。

他說：「你看看，這個主編也太現實了吧，後面兩本的確賣得不太好，但這並不能說明我寫得不夠好啊，這是市場的問題。」

連他自己都知道這是市場的問題，卻還因爲這個問題跟主編吵。

其實，並不是主編有多現實，而是市場環境是客觀因素，誰都無法掌控。主編也需要靠暢銷書在市場上站穩腳跟，一本不會給出版社帶來任何收益的書，誰都不會簽約的。

小武一直覺得是自己眞心給錯了人，他以爲平時的來往會保證他的書可以一直簽約，但他忽略了一個很重要的問題——人和人之間，因爲某些原因走在一起、建立了不錯的關係，也會因爲這些原因的缺失而終止關係。

正如一句名言：沒有永遠的朋友，也沒有永遠的敵人，只有永遠的利益。

社交充滿不確定性和無限的可能，它需要足夠的時間，需要相當的身份和地位，需要充足的精力，需要忠誠，也需要互相理解。它並不是可以隨性地、盲目地就能完成，否則，它將是無效的，不會為你帶來任何預想中的好處。

Point

沒有永遠的朋友，也沒有永遠的敵人，
只有永遠的利益。

## 聰明人要懂得的職場規則

職場中並非什麼朋友都交不到，相反的，因為共同合作一個專案，或是有志同道合的理念，也會結為關係堪比同學的哥們、好閨密。甚至，在你未來想要獨立創業的時候，成為你合夥人的人很可能就在其中。

阿南是我的朋友中目前事業做得最成功的。當我們還在為了如何讓月薪破五萬而困擾時，他就跟一位在公司裡認識且關係不錯的同事曉旭開起了自己的公司。

阿南的本職工作是銷售，曉旭是做ＩＴ研發的，他們之間原本沒什麼交集，只是曾打過招呼，甚至連名字都記不住。兩人的關係得到突破性的進展，是因為阿南銷售的某個產品臨時出了問題。

當時，阿南急得如熱鍋上的螞蟻一般，還跟另一位做ＩＴ研發的同事吵了起來，對方覺得阿南是無理取鬧，差點打起來。此時，曉旭站了出來，三兩下就把阿南的問題解決了。

從此，阿南記住了曉旭，之後但凡遇到ＩＴ那類的問題，他都找曉旭幫忙。曉旭是個標準的ＩＴ男，不苟言笑，但脾氣好、有耐心，加上專業能力和學習能力都不錯，在部門裡的人緣很好。只是因爲他話少，也不怎麼交際，身邊能說上話的朋友自然也就不多。

不過從那之後，曉旭和阿南的交集便多了起來。阿南性格外向，很熱情，也善於交朋友，時常會招呼曉旭出去吃飯、喝茶，次數一多，兩人之間的關係就近了。

阿南時常把自己的理想說給曉旭聽，而曉旭家裡的困難阿南也知道。有一天，阿南跟他說自己想要創業，卻又不想辭職的想法，意外地得到了曉旭的支持。

原來，曉旭家裡做生意失敗，欠了別人一筆錢，如果只靠他的薪資來還是遠遠不夠的，阿南那時也提出可以幫他一些，卻被他拒絕了。他的意思是，寧可自己累得半死，也不願跟朋友借錢，就是怕爲了錢的問題，最後連朋友也做不成了。

正好，阿南接到了一個專案，正愁沒有合夥人，曉旭的參與無疑是雪中送炭。兩人說做就做，他們爲了做前期的籌備工作，三個月都沒有好好休息過。

最後，專案做好了，客戶很滿意，款項匯入也很及時，不僅解了曉旭的燃眉之急，還讓阿南嘗到了甜頭。之後，阿南繼續在外面接案子，兩人就一路合作到現在。這樣的日子大概過了不到一年，兩人便雙雙辭職，註冊了公司。現在，公司已經有十多個員工了。

從開始接專案到成立公司的這段期間，他們並非沒有矛盾，但他們貴在相互坦誠，從不把自己的想法憋在心裡。即便曉旭平時比較悶，但如果是他辦不到或是認爲不合理的事，也會直接提出來跟阿南說。

兩人之間不存在誤解，而是一直保持著相互信任的狀態，這是阿南至今自認爲在職場中收穫最大的一件事。

能在職場中找到類似曉旭這樣的「兄弟」並不容易，畢竟現在職場的流動性很大，有些人還沒跟你混熟就離開了。因此，一旦遇到了，就該珍惜。

除了這種可以共謀事業的職場好友，還有可以一起上廁所、聊八卦的好閨密。女孩是最容易在職場裡交到朋友的，因爲她們需要一個或是幾個人來分享她的化妝心得、穿衣主張，或是生理期的問題，當然還有某上司的八卦。

李可在公司裡最要好的同事就是張瑤，兩人關係非常好，但在業務上卻是競爭關係。

不過，相比事業心強的李可，張瑤對升遷這種事並不熱衷，她覺得晉升後承擔的責任會很大，麻煩也會很多。她是個文藝青年，業餘時間比工作時間還要忙，因此，她不熱衷升遷對李可而言其實是件好事。

原本以爲，兩人不會因爲友情或是工作影響了彼此的關係，沒想到，結果還是事與願違。

李可當時的職位是組長，張瑤不是。公司有一個主管群組，其中就有李可。李可偶爾會把一些資訊透露給張瑤，她認爲張瑤不爭不搶，和自己關係也很好，絕對信得過。

於是，那個晚上當公司總監在群組裡公布本年度的加薪名額及幅度，即便總監已經明說此事不可對外講的時候，李可一興奮，還是偷偷告訴了張瑤，也把她的加薪幅度一起說了，還因爲她加得多而高興。

張瑤也很高興，兩人又聊了好一會兒。

聊著聊著，李可便把幾個熟識同事的加薪幅度也告訴了張瑤，她們就這些人平時的表現聊了許久；張瑤爲財務部的張三鳴不平，李可爲市場部的李四居然能加薪那麼多而感到詫異。兩人都覺得李四一定私下搞鬼了，才讓上司加薪那麼多。

兩人一直聊到深夜。

次日，李可還在忙工作時就被總監叫到了辦公室。李可想起總監幫自己加薪的幅度，內心就禁不住一陣喜悅。

她本打算跟總監寒暄一下，沒想到，一進門總監就怒目瞪著她，厲聲道：「我不是已經交代過此次加薪的事不可外傳，妳怎麼還是說了？妳難道不知道薪水屬於隱私問題嗎？」

李可一聽，立刻傻住了。她很快地意識到自己可能被挖洞跳了，第一反應是：裝無辜。不料，總監立刻在手機裡翻出一張圖片，傳給了她。她低頭一看，當下腎上腺素飆高，差點沒當場暈過去。

圖片正是她給張瑤的截圖，白紙黑字，想抵賴都不成。

李可瞬間漲紅了臉，而總監那張像是要吃人的臉，嚇得她一動都不敢動。

總監非常生氣，又說：「妳在公司都做了這麼久，平時看妳很穩重，怎麼在這種事情上犯錯呢？今天早上，財務部的小張居然去找她的上司，問她爲什麼給自己的加薪那麼少。加薪的事情，財務經理還不知道呢，她能怎麼回答？結果，一大早財務經理和人事經理都過來興師問罪，特別是人事經理，我這樣怎麼回覆他們？」

李可完全沒有想到事情會鬧得如此大，她一時也是無語，覺得腦袋被掏空，只剩下一個空殼子。最後，她一聲不吭，繃著臉走出總監辦公室。當她一出來看到不遠處正在看著她的張瑤，剎那間，委屈、埋怨、懊悔……無數種滋味混雜在一起湧上心頭。

此時的李可，不禁又想起一年前的那件事。

那是年末，公司準備舉辦尾牙，其中有問答環節，答對的人可以領取獎品。當時，李可就是負責出題的，同時也備有答案。到了尾牙那天，張瑤偷偷跟她要答案。張瑤平時對李可多有照顧，處處都幫著她。李可或許是想報答張瑤，就把答案給了她。

結果，節目開始後，很多人搶答的答案都不對，唯有張瑤那組的同事每次都答對，而且一字不差。眼看著所有獎品都快被這組的人拿走了，弄得其他同事開始在下面嚷嚷，說是懷疑題目洩露。

這下子，李可的面子就掛不住了，站在台上連臉都紅了。

之後，張瑤主動找李可解釋，說是她拿到答案後就被身邊的人一直慫恿，逼得她不得不把答案告訴她們，結果她也沒料到答對的就只有她們這組的人，才會讓大家懷疑題目洩露。

那時，李可還覺得張瑤這個人很誠實，犯了錯會主動認錯，於是也沒放在心上，最後不了了之。誰知，類似的事件竟然還會重演。

現在，李可這麼一想，不由分說地走到張瑤面前，叫她去頂樓。張瑤一臉無辜，但愈是這樣，李可就愈生氣。到了頂樓，李可直截了當地把圖片拿給張瑤看。她一看，還搞不清楚狀況：「這是什麼意思啊？妳昨天不是給我看過了嗎？」

李可怒不可遏地說：「張瑤，虧我這麼信任妳，妳居然把我傳給妳的資訊轉給了其他人！」

張瑤一聽，頓時睜大了眼。起初她推託說這件事不是自己洩露的，後來想了半天，才把實情吐露了出來。

原來，昨天晚上聊天的時候，那個財務部的同事說有事找她，那時她聊得正開心，一個手誤就把原本發送給李可的資訊傳到了同事那邊。因爲圖片上有加薪的資訊，同事隨後又想來打聽自己的情況。

當時，張瑤也沒多想，心想就告訴她一個人也沒關係，於是就傳給她了。結果，同事回了一句：「怎麼這麼少？」

張瑤隨後便把李可給她的截圖傳給了對方，對方這才罷休。只是她也沒想到，自己的一個失誤會給李可帶來這麼大的麻煩。

也許張瑤是無心的，但對李可來說，這兩件事對她造成的名譽損失遠遠超過她們的閨密情。最後的結局可想而知，李可不再信任張瑤，兩人也因此有了芥蒂，越走越遠，到最後竟成了陌路人。

職場終歸是職場，我們可以和同事建立良好的關係，但無論有多好，也總有底線在，不能透露的事即便是為了面子也不能講。

小心挑選你的職場閨密，為你的職場生涯護航吧。

## 嚴於律己，寬以待人——影響你一生的工作情商

蓉蓉在LINE上跟我抱怨，說她們公司的人一點都不配合，辛辛苦苦做出來的資料，一到他們手裡，就開始挑三揀四，這也不好，那也不好，每次都需要電話溝通四五回才能解決。

我說，工作中的每一個環節都是這樣，只要來來回回磨合幾次，彼此就會熟悉各自的工作方法，過不久就不會再這麼麻煩了。

蓉蓉對此不太認同，隨後她告訴我關於自己換了新工作的事。

她是某汽車製造公司的生產計畫員，負責的是車身部分的計畫表。剛接手這份工作的時候，她滿心興奮，覺得這份工作很重要，而且關係到整個工廠的生產，也是老闆對自己的信任，因此特別認真學習。

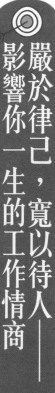

她在工作崗位上大概學了一個月，基本要領便已經掌握得差不多了，可以開始獨立進行生產計畫的安排。

第一次獨立安排的時候，她很緊張，檔案前前後後檢查了好幾遍，生怕裡面有什麼問題。這份檔案需要盡早發到工廠，但她因爲還不夠熟練，花的時間比較久。而工廠等不及便會不停地催，很是不滿。

速度慢還不是最困擾她的地方，因爲剛開始做，在她看來，保證準確率才是最重要的。不久，她就被主管叫過去，一再跟她強調計畫的時效性。她不得不開始加快速度，與此同時還要保證準確率。

這份工作做了一個月，她愈來愈焦慮，而且愈做愈著急，一份計畫表她才剛發出去，後面就有五六通電話等著她。而這幾通電話裡，挑剔的還都不是特別關鍵的部分，而是顏色不對、格式不好、字體太小等瑣事。

一開始，她會按照大家提的要求，再改一版出來，但卻應付不了市場需求的多變，因爲只要市場需求一變，她這邊的計畫就需要重新改動。

最頻繁的一次是，她在一天之內改了三版計畫。她做得心煩氣躁，結果生產線那邊還很不能理解，覺得計畫這麼頻繁修改，他們根本就無法生產。結果就因爲這件事，生產線的組長跟她吵了起來，她一氣之下，委屈地哭了。

那天是蓉蓉成爲生產計畫員後最早下班的一天，她沒心思吃飯，回到家直接趴在床上默默地流著眼淚。她心裡委屈得很，又覺得這份工作實在沒什麼意義，根本就不像最初想的那般。

一時間，消極情緒占滿了她的大腦，她什麼都不想做，只想趴著。

那個訊息，就是蓉蓉在這時候傳給我的。我想去安慰她，但無奈相距百里。我只好說一些安慰的話，勸她好好休息一下，放空大腦，說不定過段時間就好了。

後來她就沒回訊息，我也不清楚她到底怎麼樣了。不過很快地，她就在臉書上曬了一碗泡麵，紅澄澄的湯麵上漂著一個金燦燦的雞蛋。配的文字是：無論如何，都不能虧待自己的胃！

我一看，便知她的心情已經好了大半。後來，我在入睡前留了言給她，希望用我的經驗幫她擺脫困惑。之後，我們各忙各的，便有段時間沒聯繫。

再聯繫時，是我出差到蓉蓉所在的城市。因爲時間不長，我本不想麻煩她，結果我們竟在高鐵站偶遇了。當時，我準備離開，而她則要去另一個城市出差。

離上車還有些時間，我們便找了一家咖啡店，坐下聊聊天。

其間，我問起蓉蓉上次抱怨的事，她大手一揮，笑說：「都過去了，現在沒那麼麻煩了。」

細問之下，她方才道出原委。

對蓉蓉來說，那項工作是新工作，而且她沒經驗，生產線的人一聽，就對她有了質疑，怕她做得不對，影響到產能。於是，他們在看計畫表的時候也是格外小心，只要是自己看不順眼的就會提出來，哪怕是字體、字型大小一類的小問題。

而就在蓉蓉那次哭了之後，一切發生了改變。

組長當時有些不能理解，但回去琢磨了一下，覺得自己可能有點超過。他又想到蓉蓉只不過是個小丫頭，自己不該那麼嚴格地要求她。

蓉蓉那天吃完泡麵後，並沒有像往常一樣立刻洗漱睡覺，而是躺在沙發上細想此事。她將生產線提的所有意見從頭想了一遍，然後再逐條核對，發現事實的確如此：若不是自己做得不夠到位，對方也不會這麼挑剔。

於是，蓉蓉收拾好心情，決定和生產線的組長聊一聊，細說計畫表上的規劃。

正好組長也想跟她聊聊，雖然他的主要目的是爲了道歉。於是，兩人溝通了一小時，這勝過他們之前所有的電話通話。

蓉蓉在去了一次工廠後，也的確發現了不少問題。比如，生產線的人，包括組長都極少在電腦前走動，因此，如果計畫有更動，光寄送郵件是不行的。但好在組長可以帶手機，於是兩人約定，若情況有變，蓉蓉在寄出計畫表後會再打電話進行通知。

爲了更加熟悉生產線的操作，蓉蓉乾脆到生產線的辦公室待了一個月。那一個月裡，她對生產線上的工人以及組長有了充分的瞭解，對彼此的需求和問題都有了一定的掌握，這對她後期的工作起了不少作用。

就這樣，蓉蓉慢慢地走出了磨合期，計畫工作做得越來越順手。到後期，即便一天之內情況有多次變化，她也可以又快又準地調配完畢，而且還能確保生產線的正常運行。

從這件事裡，蓉蓉懂得了一個道理：嚴於律己，寬以待人。

在職場中，有很多人都無法做到對人寬容，對己苛求。一旦有了問題或是矛盾，大家最先想到的是撇清自己。在配合度上，大家也從來不對自己做出更高的要求，倒是對別人的工作挑三揀四。

這樣的人我見了不少，包子就是其中之一。

包子剛到公司的時候，業務還不夠熟練，上頭派了阿城去幫他。阿城每次解說的時候，包子都不停地點頭；阿城問他有沒有什麼問題，他也只是搖頭。結果，等到了實際工作時，他遇到不明白的問題不去問，也不去思考，見到主管就只說了一句話：阿城沒教我。

起初，主管還眞的以爲是阿城不用心教，後來才發現是包子自己不努力學。他最後便被辭退了。

# 沒有任何藉口——凡事先從自己身上找原因

曾毅在公司研發部已經工作了近五年，不僅薪水沒怎麼漲，職位也沒升。他很著急，也很惱火，覺得公司一點都不重視人才，他在公司任勞任怨地做了這麼久，好歹也該提拔他當個小組長啊！

同學會上，曾毅跟我們大吐苦水，說他自畢業後就進了這家公司，那時原本還有一家規模更大的公司給了他offer，他之所以沒去，就是覺得這家是國營企業，不僅工作穩定，而且說出去很有面子。

當初，人人都說國營企業升遷慢，但曾毅不信。身爲優秀畢業生的他，對自己在公司未來的發展充滿了信心。最關鍵的就是面試的時候，人事經理跟他說：在這裡，一切皆有可能。

曾毅剛去的時候很是賣力，他很清楚一個職場菜鳥該做什麼，不該做什麼。他每天都是第一個到，最後一個走。他不僅攬下了辦公室的打掃工作，還攬下了大家的跑腿、叫外送等雜事。

沒多久，大家都喜歡上了這個勤快的小夥子，並且覺得他沒有因爲自己是研究生就自恃清高，這也不做那也不做的。大家還一致認爲，他將會是部門年輕小夥子裡最有前途的一個。

其實，曾毅也這麼認爲。於是，只要是上司交代的工作，他都盡量在第一時間完成，有時還會受到上司的褒獎。就這樣，等曾毅做到第三年的時候，因爲原本想要的東西長時間無法兌現而動搖初衷了。他開始跟部門裡幾個年紀大的同事一起混日子，對工作也是能做到六十分就絕不力求一百分。

那時，部門主管調走了，出現了職缺，曾毅原想透過競聘來晉升。不料，公司很快從分公司調來一位新主管塡補了這個位子。曾毅有些心灰意冷，這導致他對新主管有了偏見。不多久，曾毅又從某位老同事口中得知，這位新主管是總經理的親外甥。他一聽，當下就明白是怎麼回事了。他連續喝了三天悶酒，終於想明白了一個道理，那就是無論他多麼努力，都比不上有背景的人。既然這樣，那他努力有什麼用啊？倒不如每天快快樂樂的，不用操心任何事，得過且過。

有了這種想法，曾毅馬上就在行動上表現出來。他不僅不再對工作上心，還抱著應付的心態，又學了一套爭辯的本事，即便是他自己出了問題，他也能推到別人身上。

總之，對曾毅而言，工作就是賺錢的差事，在公司做多做少都一樣，想出人頭地根本就是天方夜譚。他不僅自己這樣做，還跟他一同進公司的小方也這麼說。

小方當時只是笑笑，說自己不像他，學歷高，人也聰明；像自己這樣的，沒有背景、沒有學歷，能力也一般，就只能用心一些、努力一些，否則，說不定連工作都保不住呢。

曾毅不以爲然，工作上繼續保持懶散的狀態。不久，公司接到一個訂單，因爲訂單數量大且持續時間長，公司決定成立專門的專案組，從各個相關部門裡指派一個人專門負責此事。

這事分配到了研發部，新主管本想讓最有資格的曾毅去負責。但曾毅覺得如果接手了這個專案，接下來的日子一定很忙，他將無法按照自己的想法生活，加上他又擔心中間出什麼問題而要自己擔責，便找個理由推掉了。

新主管見曾毅婉拒了這個專案，一開始有些費解，之後在工作上便不再留意他，並注意到了小方。

新主管找到小方的時候，小方是一副受寵若驚的樣子。他原本對自己沒什麼信心，而這被主管看了出來。主管告訴他：「你只管執行，出了任何問題直接跟我聯繫。」

小方一聽，心裡算是有個底了。他也想挑戰一下自己，看看自己究竟行不行。專案一做就是一年，從最開始研發到量產，問題從沒斷過，但沒能阻擋大家前進的步伐。特別是在前期，這個階段基本上是研發部在主導，其他部門人員則是輔助性作用。

小方原本是一個默默無聞的執行層員工，因爲這個專案而開始成長，不僅讓人看到了他的潛能，更讓人體會到了他強烈的責任心。新主管對小方讚不絕口，部門主管也早已留意到了他。一年後，他被提拔爲組長。

這令曾毅跌破眼鏡。他四處打探小方的底細，方知小方不過跟自己一樣是個沒背景的普通人。最關鍵的是，小方的學歷還比他低，能升爲組長簡直不可思議。

但他忘記了，背景不是決定性的，個人心態才是。

周珊是一位保險推銷員，她的主要工作就是銷售各種保險。剛入行的時候，聽到分紅獎金高，她心裡便十分激動，但做了幾天之後，她就不想再做了。

她找到上司，想要調動職位。上司問她爲什麼。

她說：「推銷保險太難了，大家都覺得我是騙子，現在就連親戚朋友都躲著我。這份工作太難了，我應付不來。您還是幫我調動職位吧，哪怕是櫃檯人員我也願意做。」

上司在瞭解情況後，念在周珊還算勤快，便把她調到了櫃檯。

上司心想著，這下總可以了吧。不料，沒過多久周珊又找到他：「我每天站在櫃檯，水都喝不上一口，廁所有時也來不及上，而且還要面對一大堆的瑣碎問題。難的是，我還要保持微笑，裝作自己很開心的樣子。我覺得這好難，比銷售保險還難。」

上司頓時有些無語，只好問她下一步的意向。

然而，周珊自己也沒什麼想法。按照她的意思，她只是想找一份朝九晚五、離家又近的簡單工作，本以爲推銷保險很自由，事實上並非如此；本以爲櫃檯很輕鬆，沒想到複雜程度並不低，她還曾因爲出過錯而被罰款。

**Point** 背景不是決定性的，個人心態才是。

上司語重心長地說：「周珊，妳有沒有想過，這些問題都是客觀存在的，每個人都會遇到，但爲什麼別人可以做，妳卻不能？妳做的是一份工作，就該拿出端正的態度來。工作做不好，首先要從自己身上找原因，而不是一味地用客觀因素來搪塞。如果妳覺得這份工作很辛苦，那我還是建議妳愼重考慮一下。」

周珊明白上司的意思，事實上，她也知道上司已經給了她很多次機會。回去後，她把上司的話好好想了一番。她終於明白，自己推銷不出去保險，是因爲對產品和保險知識的瞭解還不夠透徹，無法站在消費者的角度去看問題，導致沒人相信她；她做不好櫃臺，是因爲對相關資料不夠瞭解，對流程不夠清楚，導致自己手忙腳亂，經常出錯。在瞭解了自己的問題後，周珊開始慢慢地做出改變。最終，她把櫃臺工作做得非常好。由此，她終於體會到了工作的眞正意義。

面對挫折，我們總是怨天尤人，覺得這也不好，那也不對，卻從不在自己身上找原因。

**我們不能改變他人，卻能改變自己。與其逃避、不思進取，不如從自身尋求原因，勇於改變，做自己能做的。如此，我們才能一往直前。**

## 算計，並不是你成功的必要手段

丁香是某電視台的當紅女主播，然而幾天前電視台外聘了一位知名主持人喬安，這讓丁香倍感壓力。

喬安一來就帶動了很強的話題性，無論是台裡還是社交媒體上，每天談論的都是她的新節目，就連一向器重丁香的台長也是天天圍著她轉。

作為台裡的新貴，宣傳喬安一下子就成為台裡最重要的工作之一，這種情況直接導致台裡的好幾個節目不得不為喬安的節目讓步，就連原本說好下個月就要上的丁香的新節目也被暫時叫停了。

丁香不服氣，直接去質問相關部門的人員。誰知人家都不搭理她，還對她撂下一句：「人家喬安可以免費請到明星，如果妳也可以，那就沒問題。」

丁香氣得七竅生煙，感覺自己就像宮鬥劇裡失寵的娘娘。問題是，那個喬安還沒做出什麼成績呢，就被吹捧成這樣，要是做出點成績來，台裡還能有她丁香的位置嗎？

丁香想起從前的受寵歲月，往事歷歷在目，不堪回首。她越想越氣，越氣就越想和喬安一拼高下：「喬安可以免費請來明星，我又何嘗不能！」於是，她立刻開始聯繫關係還不錯的明星，只是一圈電話打下來，還眞沒有願意免費幫她的明星，最好的情況也只是通告費打個半價。

丁香沮喪得很，怪自己沒有喬安的那兩把刷子。但是，她卻在無意間得知了關於喬安的一個緋聞。

這件事可大可小，雖然未被證實，但以丁香多年來的工作經驗判斷，這個緋聞一定會抓住所有人的目光，而且還會讓喬安身敗名裂。只是，把消息放出去不難，難的是如何善後。

丁香想：如果喬安眞的因爲這件事出了什麼意外，即便自己成了金牌主持人，這輩子也不會心安。但這樣的機率又有多大呢？她不敢細想，怕想了就不敢做了。

幾經思考後，丁香最終把消息放了出去。一時間，網路上傳得沸沸揚揚。

事情的經過其實很簡單，就是一張照片而已。照片裡，喬安和一位知名男士擁吻，而那個男人，大家都知道他是有婦之夫。

頃刻間，口水就將喬安淹沒了，在她的臉書上罵她的網友不勝枚舉，電視台也迅速暫停了喬安的一切行程。

台長對這件事極其憤慨，他一度以為這是某個跟喬安有過節的人故意乘機放出來的，做出這種損壞喬安信譽和人品的行為，足以說明對方對喬安的恨。很明顯，這個人不希望喬安在新東家做得順利，不希望她繼續紅下去，但會是誰呢？

台長左思右想，將目標鎖定在喬安從前工作過的電視台。他認為，這很可能是她在之前的工作中得罪了誰，雙方鬧了不愉快，所以才這樣害她。

喬安因為突發事件導致新節目無法開播，情急之下，台長再次啟用了丁香，並讓她的節目提前播出，只是在宣傳上因為時間來不及而有些不足。

丁香一直在關注這件事，雖然計畫進展得很順利，但她心裡時常感到不安，工作起來也是整日一副心事重重的樣子。她總是特別留意喬安那邊的動態，這倒讓台長開始懷疑起她。

受到輿論壓力的影響，喬安的節目無限期延後，就連她本人也躲了起來。愧疚占滿了丁香的心房，這種局面她並不是沒想過，然而即便她想過了，她還是這麼做了，這是她的選擇，她無法逃脫。

事情的結局是，半年後，喬安的節目低調開播，一開始收視率很低，直到後來她參加了一檔訪談節目，才澄清了自己的「小三」之名。

原來，緋聞中的那個男人早已辦了離婚手續，只是礙於身份不便公開。而現在，她並沒有因爲社會輿論放棄眞愛，她願意說出眞相，是爲了對得起曾經喜歡她、在她出事後還支持她的觀眾。

節目中，喬安誠懇的態度感染了觀眾，就這樣，她再度佔據搜尋排行榜。隨之而來的是，她主持的節目收視率一路攀升，網友的評論也大多轉成了正面的。

喬安的節目超越了丁香的節目，再度成了台裡的收視女王。這一次，丁香不得不傻眼了。

其實，在職場上拼，到最後拼的都是能力，透過算計取得勝利都是暫時的。而且，算計者還要背負道德的枷鎖、內心的自我譴責。何必呢？

吳江和周正原本是部門裡關係最好的兄弟，兩人的業務水準不相上下，都很受上司的重視。不久前部門經理辭職，出現了職缺，公司總監左思右想，覺得還是從部門裡挑人晉升比較好。眨眼間，吳江和周正就成了競爭關係。

在工作年資上，吳江比周正資深；在學歷上，研究所畢業的周正又比大學生吳江有優勢。在業績上，兩人都拿過第一，沒有太大的差別。而在性格上，吳江偏外向、好動，跟什麼人說什麼話；周正偏內向，雖然話少但執行力強，交代給他的工作，他總能在第一時間完成，而且都完成得很不錯。

這就讓總監猶豫了，比較來比較去，他最終決定用一個專案來考察這兩個人，誰的方案做得好，誰的方案被客戶選定，就讓誰做部門經理。

規則一出，兩人都不說話了，辦公室的氣氛都開始變得怪異起來。不僅如此，還有選邊站的：有的人支持吳江，覺得他資歷深，本該得到這個職位；有的人支持周正，覺得他專業能力突出，大家在他底下做事有衝勁。

而吳江和周正也開始暗自較勁，誰都不想輸，因此，他們之間的話少了，工作上的合作沒有了。下班後，兩人也不再一起去吃串燒了。

一切好像都變了，這對兩人來說太突然，很難適應。可是也沒辦法，既然對方都冷落自己了，自己又何必湊著去親近對方呢？

就在接近方案的截止日期時，周正被同事告知，說看到吳江單獨請總監吃飯，而且還是在高級飯店。那個同事勸他：「你也去交際一下，別總是呆呆的。要是上司看不上你，你做得再好也是白搭。」

周正想了想，又看了看辦公室裡正在談話的總監和吳江，這才發現，近來吳江去總監辦公室的次數是越來越多了。他很好奇他們都說了些什麼，但直覺告訴他，他們聊的不全是工作。

周正陷入了矛盾之中，他很糾結，因爲平時自己跟總監沒有任何交集。雖然他並不完全認同同事的說法，但有件事他能理解，就是上司當然會用跟自己關係好的人。如果是這樣，那吳江升遷豈不就是板上釘釘的事了？

就在此時，周正從一位在客戶公司裡就職的同學那裡得知了客戶的禁忌。這禁忌很重要，如果是不知道的人，做出的方案不可能通過。

周正很慶幸同學告訴了自己這一點，並據此修改了之前的方案。但改完之後，他又想到吳江的事，便又陷入沉思中。他該不該把這個禁忌告訴吳江呢？如果不告訴他，萬一他用了禁忌的元素，那他的方案豈不是會被否決？如果告訴他，那自己的勝算豈不是又少了一分？

矛盾中，周正覺得自己好像生病了一般，做什麼事都打不起精神來，恍恍惚惚的，老是出神。

這種狀態困擾了他兩天，最終，他選擇把這件事大大方方地告訴吳江，他想得很清楚，如果吳江不知道，這也沒什麼；但既然自己已經知道了，就不能不說，否則，他過不了自己的良心這一關。

周正決定了，他寧可失去這次晉升的機會，也不能做昧著良心的小人。

當他把這個禁忌告訴吳江後，吳江很是驚訝。吳江問他：「你爲什麼選擇把這麼重要的資訊告訴我呢？如果你不告訴我，這次你穩贏了，因爲我的方案已經做好了，還用了那個禁忌的元素。」

周正一五一十地把自己的想法告訴了吳江，吳江聽後頗爲感動，二話不說便和周正來了一個擁抱。

故事的結局是，吳江和周正的方案都很不錯，客戶決定增加一個專案組，兩種方案都採納。過沒多久，周正最終晉升了。

後來，吳江告訴周正，自從兩人關係疏遠之後，他總覺得說不出的難受，於是他請總監吃飯，希望總監能換種方式來考核他們。但總監很固執，說已經宣布的事就跟潑出去的水一樣，收不回來了。

再後來，他從周正那裡得知關於客戶禁忌的消息後，覺得這個朋友沒白交，之前眞的是自己想太多了，於是，他到總監那裡提出想要主動退出競爭。不過，應總監的要求，他還是修改方案參加了比賽。

周正最終選擇堅持自己的原則，這難能可貴。而吳江也沒有因爲職位的競爭就選擇走捷徑。

很多人都說，職場就是你算計我，我算計你，不多一點心眼根本成不了事。

也許，一時的算計可以讓你得到眼前的利益，讓你走得比別人快一些，但從長遠來看，職場上拼的終究是個人實力──倘若你有真才實學，即便被算計了，也有出頭的那天；沒有的話，就算沒人算計你，你也坐不到夢想的位子上。

職場很現實，現實到容不得你跟它耍一丁點的心思。

長遠來看，職場上拼的終究是個人實力。 Point

# 你有規則，我有原則

鄒言剛到公司的時候，因爲反應靈敏、做事勤快而受到主管的青睞。他雖然是新人，主管卻很放心地交給他很多工作。

一開始，雖說鄒言什麼都不懂、都不會，倍感壓力，但無論如何，他都硬撐了下來。一年多以後，他的工作能力提升了不少，加上他情商高，跟上司和同事的關係都非常不錯，主管因此有意提拔他。

鄒言在公司服務了兩年後，主管派他去廣東出差，本打算若此次出差他能拿筆大訂單回來，就名正言順地讓他升遷。

廣東這個客戶和公司合作已久，之前客戶到公司來訪時也見過鄒言，對他讚不絕口，其間的合作都很順利。這次去是因爲公司和客戶的合約到期了，按理說，鄒言拿下這個續簽訂單沒問題，但誰都沒想到，就是這次廣東之行把他的升遷之路給堵住了。

事情的經過是這樣的：鄒言除了跟客戶談後續的訂單，還要解決前不久客戶反映的一個品質問題。因此，和鄒言同行的還有品管部的小顧。

小顧比鄒言早一年進公司，算是鄒言的前輩，他平時愛說笑話，是辦公室裡女同事的開心果。鄒言跟他原先只是泛泛之交，就是這次出差讓彼此熟了起來。

在去的路上，小顧說了一路，專門跟鄒言聊歷史人物，從兩漢講到三國，又從隋唐講到宋元明清。

鄒言除了知道大家都熟悉的歷史人物外，對其他歷史人物覺得很新鮮。加上小顧又長了張說書人的嘴，特別能說，聽得鄒言一愣一愣的，心中不禁暗自佩服，深覺小顧知識淵博，自己則是差了不少。

鄒言知道客戶公司的徐經理也是個歷史迷，心想著這回可好了，有了小顧，讓他多跟徐經理聊聊，這一聊，別說是續簽訂單，就算是品質問題也能圓滿解決。他這麼一想，便立刻放下心來。

於是，這一路上他對小顧有求必應，照顧得妥妥當當。其間，他不經意地提起徐經理也喜歡歷史這件事，小顧立刻會意，當下便說：「老弟放心，跟客戶喝酒我不行，但跟他聊這個絕對沒問題。」

一切都按照鄒言預想的方向發展，他知道徐經理喜歡吃辣，專挑了一家正宗的川菜館請客。席間，小顧又跟徐經理大聊歷史人物，正好兩人對歷史人物的看法很相似，大有相見恨晚之感，一頓飯吃得開心極了。

開頭做得好，後面的工作也就好做了。小顧進廠查看產品質問題，發現不是大問題，他立刻就給出了解決辦法。鄒言這邊也承諾，會立刻補發相應數量的貨過來。至於新的訂單，徐經理拍著鄒言的肩膀說：「這合約早就準備簽了，好好做吧。」

眼看著所有的事都順利完成了，鄒言興高采烈地準備請小顧吃頓飯。他問小顧想吃什麼，小顧說：「既然都到了廣州，當然要吃粵菜，找家高級的粵菜館如何？」

鄒言知道任何東西一旦跟高級兩字掛鉤，價格一定不菲。但他爲了感謝小顧，決定破費一次。

兩人去了一家高級飯店，點的都是山珍海味，一頓飯吃下來差點把鄒言的信用卡刷爆。但這頓是鄒言要請的，就算之後他要吃一個月的泡麵，也不得不這麼做。然而去買單的時候，小顧執意要索取打了公司統編的發票。

鄒言當時不解，見小顧給他使了個眼色，就要了發票。待兩人出了飯店，小顧就湊到他耳邊說：「大家出來不就是爲了這個嗎？昨天請客花得又不多，你把這張發票拿去報銷，上頭也一定不會查。」

見鄒言欲言又止的樣子，小顧立刻又說：「你就放心吧，這是你們銷售部經常會來的一家飯店，你可能是第一次來，但你們部門的人來的次數可多了。你儘管拿回去報帳，我豈能眞的讓你自己破費？」

鄒言一開始覺得不妥，但經小顧這麼一講，他心想，既然部門裡的人也請客戶在這家飯店吃過飯，自然是早就知道價格的，想來都差不多，上司應該也不會多加過問。

他雖然有點拿不準主意，但一想到小顧說的話，心就平靜下來了。

鄒言照著小顧說的，把這頓飯錢當成請客的費用報銷了。主管對鄒言此次之行感到非常滿意，還私底下對他說，已經上報了他升遷的事。

鄒言覺得自己順得很，回去後又單獨請了小顧一頓。

沒想到，三天後東窗事發。當時，主管直接問鄒言關於在那家飯店請客的事，鄒言沒說過謊，這一聽，臉色驟變。

主管馬上就明白了，拍案而起，大聲道：「鄒言，你居然敢拿公款吃喝，虧我還這麼信任你，你報什麼，我就批准什麼。昨天晚上廣東的徐經理打電話給我，誇你聰明，找了一家連他自己都不知道的川菜館，那味道簡直太棒了。可是，你的報銷單上是什麼？」

鄒言被主管狠狠地訓斥了一頓，直接被告知此次升遷沒戲了，而且還會通報上級。

鄒言知道，通報上級已經是很輕的處罰了，按規定，公司把他開除了也不爲過。他悔不當初，如果當時他能把握原則，不被小顧干擾，那麼他損失的只是幾千元，而不是自己的前途啊！

其實，不只是鄒言，很多人在面對這樣的誘惑時都會把持不住原則。但如果你能做到克制欲望、堅持自我，職場也絕不會虧待你。

說到這裡，我想起了蘇青。

蘇青是我的一位讀者，有一次我們閒聊起「原則」這個問題，她便跟我講了一件她自己親身經歷的事。

蘇青剛去現在就職的這家公司時，做的是組長的職位。

這家公司不小，規模在業內是數一數二的。當時蘇青看中它，就是因爲它在行業裡的地位以及研發能力。但她沒想到的是，公司內部存在著各種小團體、小幫派，其中就有A大幫、科大幫等。這些人分別出自同一所學校，因有高層在上面，下面便逐漸捆綁，形成一個個團體，一榮俱榮，一損俱損。

這種狀況顯然是蘇青沒想到的。只不過是一家公司而已，大家一起做事，爲的不就是公司的繁榮發展嗎？她可以理解有些人爲了攀高枝，試圖以此謀求自己的利益，可是這樣做難道眞的有效果嗎？

蘇青打算睜一隻眼閉一隻眼，不參與，也不干涉。然而，她的做法似乎並不奏效，她覺得自己就像進了後宮——你不想爭，不想與人結黨，卻還是會被人要求明確自己的立場，選一邊站，否則在公司裡將寸步難行。

蘇青沒有聽，她當時笑著說：「我既不是A大的，也不是科大的，我的學校就是個普通大學，實在不敢高攀。」

對方見她如此，很快就對她耍了個手段。

當時，蘇青對設計圖有意見，結果對方不說要改，也不說不改，第二天直接休年假，一休就是一週。而這個設計圖，蘇青兩天內就要用。

蘇青想，你休假總有代理人吧。的確是有代理人，誰知那人直言自己不懂，細節方面必須等對方回來。她不服，直接找到他們的主管，結果主管一直忙著接電話，再不就是敷衍她。總之，人家不是不肯做，只是不用心。

蘇青知道，他們是在逼著自己做出選擇。她很不理解的是，爲什麼她一定要做出選擇呢？她不想參與任何一方的爭鬥，只想在公司好好工作，難道這樣的要求也不能滿足嗎？

她直接將此事的原委上報給總監，總監若有所思地看著她，表情似笑非笑。她以爲就此得罪了公司的所有人，打算另謀出路。不料，總部空降了一位新總裁。

新官上任三把火，二話不說，就把設計部的總監調到分公司去了。不僅如此，之前和設計總監鬥得最厲害的研發總監突然辭職，沒人知道眞相，公司上下頓時人心惶惶。

蘇青那時更是事不關己，一邊找新工作，一邊應付公司裡的事。不料，此時她被總裁叫了過去，辦公室裡還有他們部門的主管。

原來，部門主管也早就對公司裡結黨的作風十分不滿，雖然說他是A大畢業

**Point**

守住自己的底線，
你到哪裡都還是你自己。

的，但並不認同他們這種做法。當年剛進公司的他經歷了和蘇青一樣的遭遇，但不管怎麼樣，他堅持下來了。

新任總裁得知這種情況，在與總部商議後，親自到公司坐鎮，整頓不良風氣。蘇青在中立者中脫穎而出，總裁對她委以重任，十分信任。

有人說，蘇青是因禍得福。依我看其實不然，她自己恪守原則，這才幫了她。如果當時她扛不住壓力也隨波逐流，成了小團體裡的一個，那麼她便不可能被新總裁看中，成爲新的研發總監。

在職場中，我們總能看到各種不成文的規則，雖然我們不能消除這些規則，卻有能力恪守自己的原則。

一個人無論在什麼時候都應該守住自己的底線，它會告訴你：守住它，你到哪裡都還是你自己。

CHAPTER

# 06

# 你足夠優秀，世界才會對你公平以待

## 格局逆襲

那天，我們因爲小薇換了新車去小聚慶祝了一下。算起來，這應該是她換的第三輛車了，品牌層次不斷在提升，款式也一次比一次好看。

落落看著小薇的那輛紅色小轎車，對它的價格頗是感慨。看完車，我們一個個走進包廂，大家便在聊小薇換車這件事，積極品評的居多，剩下的都覺得小薇奢侈得很，落落更是覺得有錢還不如買房呢。

小薇不置可否，笑嘻嘻地聽我們在那裡議論，好像自己是個局外人似的。看我們都說得差不多了，小薇方才感歎：「人不都是這樣嗎？總是不斷地追求更好的東西。你沒房子的時候，想著不論大小，有房就可以了。等你有了一房一廳，就會覺得一房一廳太小了，得換個兩房一廳。當你有了兩房一廳，又會覺得三房一廳更好。就是這樣的不滿足以及對生活的挑剔，才能促使自己不斷進步。」

我很贊同小薇的最後一句話，世上如果沒有不滿足的人，社會將會停止進步。曾在網上看過一句話：挑剔的人，品位高。人正是因爲內心對完美的苛求，才會嚴格地挑選適合自己的一切，比如學校、愛人、工作等。

楊楚就是一個對工作頗爲挑剔的人。

還在讀書時，他是班上穩居前三的好學生，腦子靈活，很講究方法，從不死記硬背。他高中時成績最好的是數學，經常以滿分拔得頭籌。

最讓楊楚困擾的是英語，每次都是英語扯後腿。他也有去上補習班，但就是不見效果。臨近大考之際，他評估了自己的綜合能力，認爲補短已經來不及了，只能保長。

事實證明，楊楚的這個策略是正確的——大考時他正常發揮，總分穩穩地超過錄取門檻三十分。

考了高分也有煩惱，問題接踵而至。面對塡志願，楊楚陷入了沉默。當時，他主要在科大和一所綜合性大學之間猶豫，那時他想學經濟學，於是就在會計和國際經濟與貿易之間徘徊。

以學校的名聲而言，科大的名聲比較好，但科大是偏理工科的，以機械自動化見長，經濟管理只是輔助性科目，並不受重視。而另一所綜合性的大學就不一樣，這所大學原本就以文科爲主，經濟管理隸屬商學院，是學校重點的科目之一，無論是師資設備還是科研環境都相當不錯。

於是，楊楚毫不猶豫地填了後者。

但是，考研究所時，楊楚又遇到了類似的問題。那時他志在金融學，想考金融學的研究所。據瞭解，某所金融院校名列全國前三。他有些拿不準主意，畢竟也是要根據自己的實力，如果一味地求好，萬一落榜了豈不是要浪費一年的時間？

報名那天，楊楚剛好遇見了輔導員，兩人聊起了報考研究所一事，他將自己的疑惑告訴了老師。

老師聽後，笑說：「楊楚啊，如果一個人在挑戰一件難事之前就先對自己的能力有所懷疑，那他要怎麼繼續攻克難關呢？考研究所這件事，需要考生自己明白最想學的是什麼，如果只是爲了一張文憑，那大可不必浪費兩三年時間。

你既然想在金融專業裡學到一些眞本事，就應該考最好的大學，得到最好的教育，這樣你才能收獲你最想要的東西。你現在挑剔一些，將來才會舒服一些。」

楊楚覺得老師說得有理，雖然他的把握不大，但還是決定拼一把，未加多想便報了心儀的那所大學。既然有了破釜沉舟之心，在做這件事時，他自然也就清楚自己該努力到什麼程度了。

那半年裡，楊楚專心致志在考研究所上，不敢有任何怠慢。那年九月，他如願地拿到了入學通知書。

畢業前，他在一家知名外商企業實習。那是一家汽車公司，薪水和福利都很不錯，畢業後他可以直接留下，但他還是拒絕了。他認爲，雖然這是一家各方面條件都很不錯的公司，但工作內容並不符合自己的訴求。而且，他不認爲自己在這一行能做出什麼成績來。

他轉而進入了一家證券公司，嘗試著做風險投資。在他看來，這份職業簡直就是爲自己量身定做的，它既符合自己的要求，也符合自己對工作時間的自由掌控。而且，他數學很好，可以在這份工作上充分發揮自己的特長。

也許有人認爲，楊楚不該這麼挑剔，天底下有才幹的人多得是，而且職場目前還是用人市場，選擇權並不在求職者手中。既然能有一份各方面條件都不錯的工作，就該知足了，否則就是任性。

**Point** 就是因為不滿足和對生活的挑剔，才能促使自己不斷進步。

有工作不去做是任性，但對楊楚來說，他挑剔的不是對方給出的條件，而是這份工作是否符合自己的要求。

對職業生涯有規劃的人，才會清楚自己想做什麼工作、想把工作做到什麼程度。也只有這樣，他才會離自己的目標越來越近。

用挑剔的眼光看待工作，並不是指我們可以對工作挑三揀四，而是那份工作是否貼合你的職業目標、是否能發揮出你的優點。而要做到這一點，前提條件是你得有挑剔的資本，你要有足夠的學識支撐你的夢想，要有足夠的能力去成就你的理想。

沒有誰的事業可以隨隨便便應付，你應付了一次，後面的路便不好走了。

## 別在不該計較的時候計較

職場裡，並不是所有的事都需要計較。

大學時，喬喬學的是飯店管理，之所以主修這個科系，是因爲她非常喜歡大飯店那種殿堂級的服務，覺得裡面穿制服和套裝的工作人員很酷。

畢業後，她在一家五星級飯店就職，職位是大廳接待員。每天一站就是好幾個小時，而且還要儀態優美、笑臉迎人，沒多久，她就深刻體會到這份工作的不易。

那時候，過了職場新鮮期，隨著工作的枯燥和重複越來越多，她開始進入倦怠期，工作對她來說，每天更像是上刑場。每天回家，她都要用按摩油按摩腿部和腳部。慢慢地，她萌生了辭職的想法，但又怕父母數落她，便一直忍著。

一年後，喬喬盤算著是否可以調換職位。那時她想做關鍵客戶經理，於是她便格外留意這個職位，四處打聽關鍵客戶經理需要的資質，業餘時間也在學習這方面的知識。

結果，事與願違。飯店裡調動職位，將喬喬轉到了客房服務部。她當時覺得很生氣，認爲自己怎麼越做越低階了呢？原本是個站在大廳裡服務客戶的木頭，現在可好，直接變成伺候人的丫鬟了。

喬喬越想越氣。她直接去找上司，稟明來意，說她不想去客戶服務部，她想做的是關鍵客戶經理。上司心裡也有氣，心想著，還沒當上關鍵客戶經理就這麼無理取鬧，如果眞的當上了，那還得了。

上司沒給喬喬好臉色，一氣之下，她揚言要辭職。當下，她就換下工作服回家去了。

喬喬回去哭了半天，心想自己都快有靜脈曲張了，公司居然也不體恤員工，人家都往高處調，她卻越調越低。

想了一個晚上，她又有點後悔了。她用那樣的態度對待上司，若是不想辭職，還回得去嗎？即便這次上司不計較，但她也算是有「前科」的人了，將來人家也一定不會重視自己，若眞如此，工作是怎麼樣也保不住了。

喬喬最後還是辭職了。走的那天，她和幾個關係不錯的姐妹吃了頓飯。

其間，一個姐妹問喬喬辭職的原因。她有些難爲情，就以不想做了爲由準備搪塞過去。沒想到，那姐妹長歎一聲，說：「喬喬，我聽人事部的人說，上頭滿器重妳的。」

喬喬苦笑道：「器重？如果他們眞的器重我，會把我調到客房服務部嗎？」

姐妹急了：「沒錯啊，人事部的人說了，正是因爲器重妳，所以才想讓妳儘快熟悉基層工作。而且，客房服務部是直接接觸客人的，也是瞭解客人需求最直接的管道。妳只有熟悉了這些，才能被提拔爲關鍵客戶經理。」

喬喬一聽愣了，她簡直不敢相信。

姐妹以爲她不信，又很肯定地繼續說：「我是在洗手間裡偶然聽到經理和人事的對話，不可能是假的。所以，妳辭職的時候我很驚訝，天底下怎麼會有放棄升遷而另謀他就的人呢？後來，我想妳應該是找到更好的去處了。」

喬喬拿著水杯的手開始僵硬，她哪裡知道上司的用心良苦。而她終歸因爲自己的任性而葬送了大好前程，此時說後悔已經太遲了。

這件事，喬喬至今都耿耿於懷。她時常跟我嘮叨，說她如果不跟那個上司認眞，沒有任性地做出辭職的舉動，那麼，她現在就是飯店的關鍵客戶經理了，那可是她夢寐以求的職位。

可是，現在呢？她不過是另一家飯店的大廳接待員，究竟什麼時候能升爲關鍵客戶經理，還是個問號。

世上沒有後悔藥，喬喬的遺憾是自己一手造成的，她理應承受後果。

在職場中，因爲職位不合心意就衝動地離職的人不少，張嘉便是其中一位。

張嘉剛畢業就到一家公司做銷售代表，在崗位上一直兢兢業業。一開始，他不懂行銷技巧，更不懂如何開拓市場，曾經有好幾個月的業績不達標。即使如此，他還是堅持了下來。

相較別的銷售員，張嘉自認爲沒有特別的技巧，就只有做得比別人勤快一些——腿腳勤快，嘴巴勤快。漸漸地，他摸索出了適合自己的工作方法，而且很有效果，這套方法幫助他從業績的最後一名翻身成爲第一名。

那時候，張嘉確實覺得「世上無難事，只怕有心人」。工作上的進步給了他很大的信心，也鼓舞著他對自己有了更高的期待。

張嘉的表現，上司也有看到。透過幾次談話，上司瞭解到他是一個很有責任心

Point

世上沒有後悔藥。

和抱負的有志青年，加上他那種從不輕易說放棄的精神，以及近年來看漲的業績資料，上司有意晉升他爲客戶經理。

此事傳到張嘉的耳裡，一時間他便覺得自己升遷有望，大概也就是年後的事了。於是，他在工作上越來越努力，不少客戶都點名誇獎他，還替他介紹新客戶，他的工作做得越來越好了。

沒想到，來年的升遷公告並沒有張嘉。

如果說僅僅是因爲沒有升遷而讓張嘉不高興，這並不完全準確，因爲眞正讓他有了辭職念頭的原因是：公司突然空降了一個人做他的頂頭上司，而那個人的工作方法與他不大相同，此外，關鍵因素是新上司並不認可他。

此時剛好有獵人頭公司看中張嘉，介紹他到另一家企業做客戶經理，他沒多想便答應了。

張嘉辭職那天，上司多有勸阻，知道他不理解公司的決定，但還是希望他繼續爲公司服務，並承諾公司絕不會虧待他。

已經有了新工作，而且還是客戶經理，張嘉哪裡還看得上老東家呢？他去意已決，還帶著些怨氣離開了。

然而，世上總有些事會令你意想不到，有些是好事，有些卻不盡然。

躊躇滿志、懷著奮鬥精神的張嘉，到新公司報到時才知道，原來這裡的客戶經理就相當於他在原公司的銷售代表，只是在稱呼上高級了一點，好聽了一些。他頓時有種五雷轟頂的感覺。

對張嘉來說，如果在原公司咽下那口氣，明年若再有升職名額，他說不定就能升上去；可現在到了新公司，業務還需要重新熟悉，客戶也需要重新積累，一切都要從頭來。這麼一想，他後悔了。

同一個名稱，在不同的公司代表著不同的含義。當初因爲走得急，張嘉並沒有瞭解在新公司的具體職位和工作，就貿然從原公司辭職，斷了自己的退路，這的確很衝動。倘若他能忍一時之不快，不計較眼前的利益，也不會因此走錯了路。

# 你需要的是講究，而不是將就

在網路上看到一句話：愛講究的人，品位好。

隨著年紀一天天增長，知道了很多事，見過了很多人，我發現：懂得講究的人，生活的品質更高，職業的發展更好。而那些常常把「將就」掛在嘴邊的人，反倒最終成了一個被生活將就的人。

我在讀書俱樂部裡認識了一個名叫樂華的女孩，她是個典型的年輕女孩，渾身散發著朝氣，很愛說話，沒多久我們就成爲好友了。我們經常私下小聚，每次聚會她都會跟我講她們公司裡發生的趣事。

之前，樂華一直對自己的主管欣姐讚不絕口，說這個女性很能幹，而且還很平易近人，不管她有多忙，都可以隨時找她解答疑惑；遇到一些不會做的事，她甚至還會幫你做。總歸一句話，是個大好人。

不久前，欣姐被調到分公司去了，上頭又分配了一個人到她們部門，她們都叫他吳哥。吳哥雖然長得還不錯，脾氣卻很硬，對什麼事都挑三揀四的，一點也不和藹，讓她們很受不了。

我問樂華究竟有多誇張，她略帶氣憤地開始跟我侃侃而談。

吳哥當時剛來部門的時候，穿得特別講究，雖然不是全身行頭，但一看就知道是經過精心準備的。皮鞋連邊邊都擦得特別亮，若不是鞋面上的幾道摺痕，樂華還眞的以爲他穿了雙新皮鞋。

吳哥看起來比欣姐還年輕，也沒比樂華大幾歲。樂華一開始還耍花癡，但第一次的小組會議就讓她跌破眼鏡。樂華說：「妳能想像一個大帥哥一本正經、義正詞嚴地在會議室裡對我們做的每一份工作挑三揀四嗎？他連張姐也不放過。」

張姐是組裡的另一位資深員工，在公司就職多年，卻一直沒有升遷。

我問樂華：「他都挑剔哪些方面？」

樂華數著手指頭跟我講：「什麼報告的邏輯性有問題，還有字體大小不統一，PPT顏色搭配不協調，一份美元幣值的資料表上竟然有一個日幣的標識……他當下就翻臉了，叫我們統統重做。」

不僅如此，據樂華講，吳哥一來，她們組就發生了翻天覆地的變化，諸如大家不敢再把桌面弄得一團糟，更不敢在看合約的時候吃薯條。一把年紀的張姐，現在還在跟人學做PPT呢。

至於樂華自己，她在被吳哥訓斥了好幾遍後，再也不敢套用範本了。每次做完表格，她都會強迫症上身似的審查個三五遍，在確定日期、資料、幣種、公式、格子的大小都沒問題後，才會寄給吳哥。

樂華調侃自己說，她都快變成神經病了。

我聽後不禁一笑，說：「那不是滿好的嗎，他這是在逼著妳進步。」

樂華不滿地說：「這很煩人，公司又不是他家的，那麼認真幹嘛？再說了，一個大男人講究那麼多幹嘛？有些不重要的工作問題，比如字體的大小、顏色，將就一下就好了，難不成要比女明星好看才行嗎？」

我先是低笑不語，隨後跟她講起我的一個兒時玩伴唐莉的故事。

唐莉是個女漢子，從小最常掛在嘴邊的話就是：「將就點吧，又不是不可以。」

小時候，我在穿衣和頭飾上很挑剔，如果要換一套紅色的裙子，頭飾最好也是紅色的，而且絕對不能是綠色或藍色的。但唐莉就不是這樣，我經常看見她穿著綠裙子，腳下踩的是一雙紅涼鞋。

那時的我說話直來直往，指著唐莉的鞋子說不好看。她則回頭瞪我一眼，說我無聊。

後來大了一些，我們都開始上學了。小學和國中時我們不分軒輊，考高中的時候，我每天都在房間裡複習功課，而唐莉還是一如既往地在外面玩耍。我問她：「妳不打算考明星高中嗎？」

她歪著頭說：「想啊，但明星高中不好考，就算沒考上也可以讀普通高中，沒什麼差。」她還勸我不要太放在心上，盡力了就好。

來年我考上了明星高中，唐莉則去了一所普通高中。我的學校很遠，每天騎自行車需要一個小時，而她的學校近，正常速度騎自行車十分鐘就能到。

那時，她很開心地跟我說：「你看，讀明星高中有什麼好，來回就要兩個小時，時間全浪費在路上了。我學校近，這樣多好。讀書嘛，在哪個學校讀不都一樣？何必那麼講究。」

那時我確實讀得有些辛苦，經常遲到。而且，高中課業很重，每天都覺得睡不飽，把兩個小時花在路上很不值。

有一次，我心情不好，就把這些心裡話告訴爸媽。

我爸一聽，說了一句：「哪個學校一樣不一樣，等到考大學就明瞭了。妳不能因爲上學路遠就打退堂鼓，覺得這不好那不好。學校近是好事，但也有缺點。做人要有自己的原則，不能別人說什麼好，妳就覺得什麼好。」

父親的話得到應驗是在三年後。我如願去了A大，唐莉則去了一所三流大學，巧的是，我們選的竟然是同一個科系。

上大學後我們就很少聯繫了，其間，偶爾會從別人的口中得知唐莉的消息。原來，當時成績公布之後，她的父母有意讓她重考，畢竟她的底子在，再讀一年說不定能考上前段大學，上這所學校有點委屈她了。

沒想到，她怎麼說也不肯重考，說高三太苦了，一年下來身心俱疲，她不想再經歷一次。而且她的理由是，雖然這是所三流大學，但再怎麼說也是國立的，讀完也是大學畢業。如果重考一年，即便考上前段大學，將來在履歷裡一樣寫的是大學畢業，又何必那麼挑剔呢。

父母不忍心強迫她，便作罷了，於是，她進入了那所大學。聽說她在學校的成績還不錯，而且還當了學生會幹部，也算是過得有聲有色，最起碼在系上算是個風雲人物。

一晃眼四年過去了，我繼續考研究所，可惜落榜了。

因為英語能力還不錯，我就去了一家外商企業做專案管理。當時，作為菜鳥的我什麼也不會，還剛好遇上特別挑剔的主管：所有的報告都要用統一的格式發給他，包括字體、顏色、字型大小，全都不能錯；PPT的報告裡字數不能多，一定要圖文結合，還要生動。

那時，我們部門每個月都需要做一份KPI報告。原本這報告是部門同事輪流做的，後來也不知道是什麼原因便落在了我的頭上。

鬱悶的是，我做了好幾個版本，主管都不滿意。後來，他給我一個可供參考的範本，如果我做不出那種水準的PPT，我就得一直做這個報告。

那時我感到一個頭兩個大，PPT使用技能還處於入門階段的我，連範本裡的動圖是怎麼來的都不清楚。面對這樣無從下手的工作，我真是叫天天不應，叫地地不靈。

我暗自對主管大為不滿，覺得他太挑剔，一個報告而已，何必那麼認眞。但事已如此，我必須繼續做下去。結果，前兩個版本都被退回來。主管很生氣地對我說：「這個工作以後就都妳來做。」

我當時想，既然如此，那我就慢慢做吧。

我利用業餘時間開始鑽研PPT的做法。因為不懂，就從網路上查教學，一點一點地做。到了來年，那個報告終於被我做出了新花樣，我看著主管臉上久違的笑，終於鬆了一口氣。

學做PPT的日子很痛苦，但就是因為這麼一個挑剔、講究的主管讓我學會了一項至少可以在全部門領先的技能，而這項技能是我將來離開這家公司，從事其他工作時也能用得上的。

後來，當我做的PPT被人稱讚時，我不得不想起和感謝這位做事講究的主管。至於唐莉，她去了一家國營企業做外貿。她生性活潑外向，英語能力也不錯，這份工作很適合她。但後來聽她提起自己的工作，竟是滿肚子的苦水——她嫌公司裡的員工年紀太大，沒有活力，氛圍死氣沉沉的，讓人很不舒服，而且公司的獲利並不怎麼樣。

**Point** 如果你做什麼事都想著將就，那你遲早會接受世界對你的將就。

我的意思是，既然做得不開心，趁年輕可以再找新的工作，總是這種懶散的狀態也不好。但唐莉對我說：「在哪兒工作都一樣，將就著吧，只要有發薪水就行。」

意外發生在兩年後，唐莉的單位被一家實力雄厚的私人企業併購，組織機構大調整，很多人都被資遣了，其中就包括唐莉。

從國營企業出來後，唐莉早沒了之前意氣風發的樣子，再加上經濟不景氣，她年紀也大了，工作就更不好找了。

樂華聽我講完後，默默地低頭沉思著。

將就一次沒什麼，但長此以往，這個習慣將會在你的意識裡生根發芽，繼而壯大。如果你做什麼事都想著將就，那麼，你遲早會接受世界對你的將就。

講究一點不是錯，那表示你對自我有要求，而一個不會對自己將就的人，世界又怎麼會將就他呢？

# 再好的工作也總有讓你想辭職的衝動

鄒麗一直不喜歡現在的銷售工作，因爲天天被業績壓著，還要對客戶笑臉相迎。但她是個內向的人，一張嘴也說不出什麼好聽的話來，所以在公司一直表現平平，沒什麼亮點。

在萌生離職的念頭後，鄒麗開始關注網路上的徵人資訊。

不久前，得知某家汽車企業招聘企劃專員，鄒麗有興趣，按步驟做了一份還不錯的履歷寄了出去。沒想到，她幸運地進入了複試。過了幾天，當她得知自己被錄用後，高興得不得了。

從那以後，鄒麗的心思便全然不在工作上，早上來打個卡，混完八小時再打卡回家，每天過得異常快活。

過了一週，她又接到對方的電話通知，說 offer 會儘快給她，請她注意查收，並要求她準備去體檢。她一聽到對方要給她offer了，便興奮地遞出辭呈，有種終於解脫了的感覺。

本以爲一切已成定局，沒想到才過了兩天，鄒麗再次收到對方的通知，說是受市場因素的影響，企劃部門這個職位被凍結了，倒是銷售部門現在缺人，問她願不願意再接受一次面試。

鄒麗簡直有如五雷轟頂，她當下感覺氣都喘不上來了。但轉念一想，她已經辦理了辭職手續，原公司肯定是回不去了，自己現在騎虎難下，即便不喜歡做銷售，也只能硬著頭皮去試試。

可想而知鄒麗的面試結果如何了。因爲在原公司就業績平平，所以，在面試的時候即便她已經誇大了自己的能力，但仍然逃不過面試官的眼睛。

回去後，鄒麗非常沮喪，感覺這次完了。

找工作遲遲沒有結果，鄒麗急了，她一再降低自己的標準，到最後，她覺得只要對方肯幫她繳勞健保就可以了。

可想而知，她最終應徵上的公司會是什麼樣子。

直到跨進新公司的大門，鄒麗方才確信，自己是眞的換了工作。雖然她只是個助理，薪水和原來差不多，但至少不做銷售了，這一點倒是讓她很開心。

本以爲這份工作至少可以做個三五年，沒想到，她工作還不到一年，公司就開始裁員。裁員後，緊接著就是部門兼併，到後來連薪資都開始拖欠。鄒麗這才察覺到公司陷入危機，但爲時已晚。

事實上，公司的營運狀況一直都不好，財務上也有漏洞，老闆一直在努力拉投資。前段時間公司之所以在徵人，是因爲辭職的人太多了，工作量已經大大超出了當時的人員配備，老闆才不得不徵人，同時也想著再拼一次，如果能度過這次財務危機，公司就能轉危爲安。然而，他這次被投資人放了鴿子，加上該行業正處於衰落期，破產是必然的結局。

鄒麗的失敗在於，她並沒有深刻理解跳槽的含義。她僅僅是因爲不喜歡一份工作就輕易地做出了辭職的決定，而在未收到對方的offer前就貿然離職，等於連自己的退路都沒留。

這是她後來不得不選擇這家公司的主要原因。而在選擇公司上，她又因爲著急和沮喪而病急亂投醫，一再降低自己的標準，也不對公司的背景進行調查。如果她可以穩一些，即便在家待業也沉得住氣，一步步地來，她未必會遇到後面的事。

如今，跳槽已經成爲一件稀鬆平常的事，很多年輕人只是因爲心裡不喜歡，或是待遇不夠好，或是上司太難伺候就輕易地更換工作，甚至一年可以換好幾次。

頻繁跳槽，不僅不會給你帶來任何好處，反而會讓新聘的公司挑剔你不夠忠誠。與此同時，頻繁跳槽還會讓你的工作能力不紮實，專業水準無法提高，這都會成爲你以後的短處。

**不去積極地解決現有工作中的問題，不對行業和公司做深入的瞭解，不關心時局，你所謂的跳槽只是單純的換工作。**

**真正的跳槽會推動你的職業發展，增加你的收入，增強你的專業能力，開闊你的職場視野，讓你的未來充滿無限的可能性。**

有一個技術出身的年輕人，曾是某外資銀行的技術員，但他很瞭解自己，他深知自己是一個喜歡與人交流的人，對他而言，最適合面對的是人而不是機器。他據此確立了自己的職業目標，那就是做行銷人員。

於是，他開始爲這個目標奮鬥，並利用業餘時間學習行銷技巧和談判技巧。原本，他已經是這家外資銀行的部門經理了，但爲了做行銷而跳槽到另一家科技型公司做銷售。這個職位能夠讓他廣泛接觸到不同的客戶，從而爲他後續的發展奠定堅實的基礎。

之後，他又跳槽到一家ＩＴ公司做中國區總經理。那個年代，中國的ＩＴ業剛起步，客戶對軟體的常識知之甚少，於是，他便帶領團隊做了大量的市場推廣和客戶培訓的工作。

讓他一舉成名的是，他加入了英特爾公司做市場總監。在任期內，他負責英特爾在中國的全面推廣。爲了做好這份工作，他主持、策劃了很多市場拓展活動，其中，最讓他滿意的就是把英特爾的logo印在自行車後座上——在那個自行車稱霸交通的年代，這個方法很快就讓英特爾聲名大噪。

他在英特爾工作了七年，離開前，英特爾中國區的業績增長了二十五倍。離開後，他在微軟出任了一段時間的首席行銷長。隨後他被易趣網看中，易趣網希望邀請他加入，並幫助易趣網扭轉局勢。

說到這裡，可能很多人都猜到這位年輕人的名字了。沒錯，他就是易趣網前中國區總裁吳世雄。

吳世雄進入易趣網的時候，易趣網的狀況並不是很好，總是不上不下的，急需一位在市場行銷方面很有能力的人去扭轉局勢。

易趣網之所以選擇吳世雄，看中的就是他豐富的市場行銷經驗，以及對中國市場的深入瞭解。對他來說，易趣網的做事風格和他的個人風格也很貼近，如此相互呼應，想不做都難。

吳世雄上任後，對公司進行了一番改革。

首先，在吳世雄的指導下，公司實現與skype的全面合作，為易趣網上的買家和賣家提供了更暢通、更直接的溝通管道。

其次，吳世雄宣布實施「安全支付」計畫，eBay旗下的金融品牌——PayPal正式成為交易的付款方式。與此同時，易趣網的廣告也頻繁出現在各大電視台的黃金時段。

吳世雄的策劃方案擴大了易趣網在中國的名氣和影響力，實現了當初易趣網跟他合作的初衷。他之所以每次都能夠跳高一級，主要原因在於：

第一，他十分瞭解自己的個性和職業需求。當他明白自己最想做的是行銷而不是技術的時候，他便開始為此努力。他的跳槽不是偶然的，而是有針對性的必然。

第二，他就職的這些公司，都是實力雄厚且在業內甚至全球都享有盛名的大公司，在這樣的公司工作，不僅有利於自身職業的未來發展，也對提高自身能力有很大的幫助。

第三，儘管他跳槽的次數並不少，但他只專注於一點，那就是行銷。而且，他涉足的行業都屬於科技類，在這樣的公司就職，一來，他符合技術人員的出身；二來，雖然企業不同，運作模式不同，但都在一個行業內，有互通性。

跳槽並不是泛泛而談，也不是突發奇想後就能去做的一件事。對每個職場人來說，每份工作都很重要，它對你或多或少地都會有所影響。

跳槽前要做充分的準備，首先要瞭解的就是你爲什麼要辭職？是目前的工作不符合自己的專長，還是因爲公司的理念和自己背道而馳，抑或是薪水太少、上司不可理喻？

如果是工作上的問題，那麼，跳槽絕對不是你的最佳選擇。每份工作都有它的利弊，因此，這個問題不會因爲你的跳槽而解決。

如果是公司的經營本身出了狀況，讓你不得不跳槽，那麼，你就需要瞭解一下

**Point**

跳槽不是偶然的，
而是有針對性的必然。

問題是只有這家公司有，還是整個行業都面臨這樣的困境。

如果是前者，你就需要選一家實力不錯、在業內口碑良好的公司。如果是後者，你就需要多觀察新聞和動態，瞭解該行業的發展趨勢。比如，公司屬於夕陽行業，沒有任何發展的可能性，那麼你就需要考慮轉行了。

總而言之，換工作並不是一件可以隨心所欲的事，再好的工作也總有讓你想要辭職的衝動。如何把握自己的情緒，瞭解最真的自己，利用跳槽來提升自己的職場價值，才是我們最應該深思熟慮的事。

你自以為是的任性，最終只會害了自己。

# 你自以為抵達了極限

小米一直覺得，她還沒有成功是老天的問題。比如，她沒當官的爸爸可以依靠，沒有富裕的家境可以依靠，也沒一個厲害的男朋友可以依靠——這導致她空有一身才華，卻只能孤芳自賞。

其實，不只是小米不願意，哪個年輕人不想出人頭地，脫離原本的階層，更上一層樓呢？

然而，沒有客觀條件也不行。

小米自認爲是個肯努力的人，如果能夠透過充分發揮主觀能動性，得到自己想要的一切，那也是很好的一件事。於是，準備考試的時候，別人十二點睡，小米就十二點半睡；別人上網追劇的時候，她則跑去圖書館看書；別人在談情說愛的時候，她在背單字。

這個習慣一直保留到現在，但工作了那麼久，小米仍然是芸芸眾生中很普通的一個。她依舊沒辦法在百貨公司裡不看價格就隨便買下看中的大衣，只能去網路上尋找同款的；依舊買不起昂貴的化妝品，只能眼睜睜看著別的女孩漂漂亮亮地從她面前走過去而心裡酸酸的。

最鬱悶的是，小米跟了很久的專案到最後以「爛尾」收場，讓原本唾手可得的升職機會與自己失之交臂。小米心有不甘，委屈至極，覺得自己的努力不僅沒給自己帶來任何收益，反而成了她最不願意承認的沉沒成本。她一個人跑到樓梯口啜泣，有種被全世界拋棄的感覺。也許是她太過投入，蘇可進來了她也不知道，還讓蘇可輕易地看到了她的眼淚。

蘇可是總監經常誇獎的人，也是那個打敗小米榮升爲主管的傢伙。別看她經常被總監誇讚，在同事中並不受待見，原因就是她太「認眞」。

上週，隔壁部門的小C偷偷地跟小米控訴蘇可，說蘇可向她要一個資料表，她忘了做，蘇可一催她才想起來，但當時已經要下班了，絕對做不完，她心想反正主管也不急著要，而且她還有個重要的約會，於是就問蘇可能不能隔天再給。然而蘇可就是不同意，原因是她還得再檢查一遍，交給主管前必須要整合完畢。

小C的意思是，這個資料表又不重要，每個月都有做，以前別人做的時候也沒那麼認眞，差不多就好了。但蘇可不這麼認爲，一再要求小C按照信件上通知的時間給她。

小C當時頗爲氣惱，爲了不影響本年度的績效，她只好加班把資料整理完畢，再寄給蘇可。

然而誰也沒想到，就是這樣一個再尋常不過的每月報告，讓總監對蘇可另眼相看。據說，總監從報告上看到了他想要的資訊，從而對蘇可讚賞有加。

蘇可被表揚了，卻依然沒能得到同事們的歡呼和鼓勵，特別是小C，她認爲蘇可是在玩心計、耍手段，憑什麼她可以拿著大家做的資料匯總來得到上司的嘉獎？

小C甚至認爲，蘇可和上司之間有問題。

那時小米剛好在做一個外貿專案，主管承諾做好了就讓她升遷。她熬了好幾個晚上做出的方案，結果在會議上就因爲蘇可的一句話被否決了。

原因是，小米沒有考慮到美國市場和德國市場的差異，方案很明顯是以美國市場爲基礎做的。小米當下便陷入了尷尬，語塞之際，只聽見蘇可在侃侃而談。

蘇可究竟在說什麼，又說了多少，小米壓根一個字都沒聽進去。她的心裡只有委屈和不甘，當時心想：「蘇可，妳究竟和我有什麼仇、什麼怨，要在這麼關鍵的時刻讓我出糗？」

正當小米自導自演著豐富的內心戲時，蘇可的一句話剛好入了她的耳：「不過，這個方案總體來說還是很不錯的，只需要稍微修正一下就完美了。」

主管聽後，旋即對蘇可另眼相看，讚賞的目光非常明顯。隨後，主管做了總結性發言。小米的腦子還處於一片混沌之中，只聽見主管吩咐蘇可協助她，爭取實現方案的完整性，並配合她執行。

既然是主管發話，就算小米有一萬個不願意也不得不接受。但在後期的工作中，小米深深覺得，蘇可並不是協助人員，相比起來，她更像是掌舵的船長。

小米每天都要給蘇可好幾版更新的方案，細節處談了改，改了再談，如此反覆多次。很多時候，小米都煩了，覺得有些地方根本就不需要做得那麼細。

蘇可似乎看出了小米在想什麼，到了後期，她便自行修正方案，在修改的地方做紅色批註，並寫明原因後再給小米看。

一開始，小米以為蘇可是看不起自己的工作能力，心裡有怨氣，卻不好意思說出來。但後來看到那份更加立體、更加有血有肉的方案，她頓時傻眼了。

小米這才明白，爲什麼升職的不是自己而是蘇可。原來，她靠的就是那讓人討厭的認眞個性：追求完美，不放過一個細節。

曾經跟蘇可有過同窗之誼的M說：「蘇可對自己更認眞。」

據說，剛進大學的時候，大家都玩得很瘋，不管作息時間，只要沒課時，很多人都是上網、睡覺、玩遊戲，也有談戀愛的、做兼職的，反正大多是在玩，根本沒有什麼未來的目標。

唯有蘇可，剛上大一就決定要考研究所，還爲自己制定了一個學習計畫。這個任務倒也沒有多慘無人道，只是規定了每天幾點起床，背多少單字，做多少習題，什麼時候去運動以及參加社團活動等。

這樣的計畫，別的同學也有制定，但大多是三天打魚，兩天曬網。通常的情況是，堅持三天後，一遇到誘惑就抵制不住了，還自我安慰：已經堅持三天了，今天放鬆一下吧。於是，光明正大地拋下該做的事不做，投向誘惑的懷抱。

M是這樣，小米其實也是這樣。

小米不禁在想：如果當年自己每天都比同學多學半小時，而不是動輒滑手機；如果每次去圖書館都仔細看書、自習，而不是三不五時跑出去逛街；如果眞的按照計畫每天都背單字，而不是嘴上念心裡不記，現在又怎麼會在學歷上被蘇可壓過，就連工作能力也被她超過呢？

相較起來，蘇可是那種會跟自己認眞的人，只要是她制定的計畫，不管遇到多大的困難或誘惑，她都會逼自己完成之後再做別的事。對於一個難題，她也一定要刨根問底，弄個明白。而我們大部分人所懷抱著的，卻是「差不多原則」。

當時，小米覺得自己一週比別人多學一小時就差不多了，沒必要一定按照計畫來。同樣是做報告，需要用到其他部門的資料，他們沒有按時給，導致最後整合的時間就會縮短，小米也不在乎。相較於工作，她覺得做報告差不多就好了，維繫同事關係才是重點。

然而，就是這種「差不多思想」，使得小米做的專案和蘇可做的有天壤之別。所以，蘇可能把一個專案做得很完善，而小米卻不行。

所謂失之毫釐，差之千里，很多人都明白這個道理，卻只有少數人能眞的做到。

同一件事，普通人只能做到七分，少數人可以做到八分，分數越高人就越少。

事實上，做到八分甚至九分，並沒有想像中的那麼難，只是對於大多數普通人來講，他們的潛意識裡會認爲這件事做到七分就可以了，不用太精細。

所以，每當做到八、九分的人成功了，我們只會覺得委屈：「爲什麼我這麼努力，到最後沒有成功？」

**你可能是很努力了，但你對自己的要求還不夠高。對自己認真一些，才會拉近你和成功的距離。**

# 工作斷捨離

堂妹在一家做外匯貿易的外商企業工作，做的是市場部經理助理，一開始覺得一腳踏入了金融行業，接下來就會有豐厚的酬勞和精英頭銜等著她。

結果，事與願違，她去了第一天就回來跟我訴苦，說那位經理居然還有另一位助理。

據堂妹描述，那位助理是留學碩士，本身就是學金融專業，對外匯的瞭解也比她多。而她不過是國內普通大學畢業的大學生，專業跟金融搭不上邊。兩個人一站出來，堂妹就自覺矮了人家一點，抬不起頭來。

我這才明白堂妹的苦究竟在哪裡：她不是覺得工作累，也不是覺得工作難，而是碰見了一個自認爲永遠比不過的競爭對手。

她不理解，爲什麼經理已經有了一個助理，卻還要再徵一個助理，而她的條件明顯不如另外那個。如果經理是想二選一，那她永遠也贏不過對方啊。

她本想在經理身邊多學點本事，也好爲自己的前程鍍一層金，現在一看，自己說不定會被經理解僱。

我覺得堂妹想的過於悲觀，於是安慰她：「我反而覺得妳很厲害。」

她不解，反問道：「我哪裡厲害了？」

我說：「妳看，妳一個普通大學出來的大學生，居然能跟一個國外回來的碩士在同一個職位上競爭，這說明妳很有本事啊！你們經理也不笨，如果他沒有看到妳的長處，他是不會錄用妳的。妳就安心好好地工作，不要去想學歷問題、專業問題，妳只需要想怎麼把工作做到完美才最重要。」

堂妹一聽，覺得有幾分道理，但轉念一想，仍覺得不妥。

我見她還是有些難過，便想起一個人來，我的高中同學孫周。

每次提到孫周，我就會想起高一時，他在全班同學面前介紹自己，說因爲他爸爸姓孫、他媽媽姓周，所以他就叫孫周。這簡單而又不失幽默的介紹，讓我一下子就記住了這個看起來憨憨的男生。

孫周的成績普通，在班上屬於前二十名，但他很用功。他是典型的「學弱」，一想到這裡，我就不由得同情他。

不過，令我佩服的是，他從來不抱怨，也不憂慮，他似乎對自己的成績很坦然，即便自己衝不到前十名，他也沒有放棄。他還是會每天天未亮就起床背書，還是會挑燈學習到深夜，還是會跟老師請教不會寫的題目。

我一直覺得，孫周的骨子裡有一種我沒有的東西：執著。那時我希望他能考上國立大學，但結果他發揮「太穩定」，只上了私立前段大學。

各奔東西前，班長約大家一起郊遊烤肉，孫周也在。他笑吟吟地幫大家烤肉，於是，我們便有一搭沒一搭地聊起來。

我問他：「你覺得可惜嗎？」

孫周笑笑：「有啥可惜的，我也不是全班前三，這個結果早在我的預料之內，正常得很，倒是妳發揮得不太正常啊！」

我不好意思地笑了笑，原本是想去安慰人家，結果可好，反被人家「將了一軍」。我多少有些羞愧，便不再說話。

不知道孫周是否注意到了我的情緒，只聽他說了句：「想那麼多幹嘛，至少考上了，出來後也是個大學生，後面的路還長，誰能說得準？考大學並不一定是一考定終生。」

我很欣賞他說的那句話：考大學並不一定是一考定終生。只是在當下，我們都覺得自己的命運被考試劃分好了：考上國立頂尖大學的，將來即便不入上流社會，至少也會在中層；考上私立前段大學的，至少說出去好聽、好找工作；私立後段大學出來的，找工作就是個問題了。

企業在人才市場上徵人，就好比我們去菜市場買菜，誰不想買到品質上乘、口感上佳的蔬菜呢？

世事難料，孫周還眞的用自己的例子告訴我們，考大學不能決定一生。大學畢業後，孫周遇到所有畢業生都會面臨的就業問題。他本想考研究所，不料名落孫山。之後參加公務員考試也沒有結果。好在他在學校時考了商務英語認證，往履歷裡一加，勉強可以加點分。

不過，現在的職場競爭多激烈啊，人才市場上有大批的歸國留學生，隨便揪出一個，聽說讀寫都不是問題。再加上孫周畢業的學校沒有優勢，只能待業繼續找工作。

那時候，孫周有一個想法，那就是只要對方錄取他，無論薪水多少，他都一定會好好做，絕不讓人家看扁。後來，有一家公司給了他面試機會。這家公司徵的是實習生，薪水很低，而且實習期是三個月，未來能不能留下來還是個問號。

孫周未加多想便答應了。

一進公司，孫周就什麼都做，每天第一個來，最後一個走，前兩週基本上就是個打雜的，列印資料、買咖啡、遞茶水。他一天見不到主管兩次，即使見到面也不過是在走廊上，或是隔著百葉窗。

部門開會的時候，孫周不用參加，就在外面待著，算是最清閒的一個。那時他總會托著下巴看向會議室，猜想著他們在討論什麼，是有了新專案，還是什麼出了問題。

在這種無聊的時刻，他就找資料看，反正只要不被人發現就好。

一開始，他什麼都看不懂。於是，每次他就把那些看不懂的地方寫在本子上，然後留意聽同事說的話。有時，他也會請教部門裡跟他關係還不錯的小王。

小王是個古道心腸的人，知無不言言無不盡，算是幫了他不少。就這樣，孫周透過這些資料瞭解了公司的業務，瞭解了這個部門所做的工作，也清楚了每個同事所負責的專案。

有一次，某個同事發現孫周知道的還不少，因爲自己工作太多，就偷偷地交給他去做。孫周心底很高興。

孫周就這麼默默地做了一個月，也沒出什麼問題，這便給了他更大的信心。

主管也不傻，表面上他沒有搭理孫周這個實習生，實際上，從孫周跟小王打聽專業術語時他就注意到了，只是他什麼都不說，只默默地在背後看著孫周幫其他同事做事，而且居然還沒出任何問題。

主管漸漸對孫周有了新的想法，他希望把孫周留下來，還爲此跟經理申請。

在申請還沒下來前，卻發生了一件意外的事：一份很重要的月終報告出了問題，裡面的一個資料錯了，從而導致整個報告的分析和最終統計的資料都錯了。

這份報告是一開始叫孫周幫忙做事的那位同事負責的，但她很委屈，還跟主管說自己工作多得做不完，因爲這個報告沒什麼難度，所以就讓孫周去做了。

主管一聽，氣急敗壞地把孫周叫來，劈頭訓斥了他一頓，還說要開除他，而那時距離實習期結束剩不到兩週。

那位同事本想推卸責任，卻沒想到會害了孫周。但她一時緊張，依舊沒能說出實情。第二天，最早知道實情的竟是小王。

當時，小王去找孫周問他報告的事，見他臉色有異，便找他去頂樓。在頂樓，孫周告訴小王，他的確是幫同事做了報告，但不是資料的部分，而是文字分析的部分。他知道資料的重要性，所以從來不敢接這樣的工作，那位同事也知道，因此她也從來不讓他做。

小王聽後，決定去主管那裡把眞相說出來，然而孫周不肯。孫周勸他，說那位同事馬上就要生孩子了，不能因此丟掉工作。但他是個實習生，他走了，公司不會有任何損失。而且，他也不是什麼都不會，他相信自己能找到工作。

小王沒轍了，但心裡依舊不爽。

沒過兩天，孫周被叫進主管的辦公室。那時他實習期已滿，公司也沒有跟他簽合約的意思。主管看他的臉色已經好了很多，說了些鼓勵的話，希望他日後一帆風順。

孫周離開前，主管給了他一封推薦信，並對他說：「這是我給你的推薦信，裡面還有一張名片，是我同學所在的公司，他們那裡剛好在徵人。」後面的話即便主管不說，孫周也明白是什麼意思了，他當下激動得說不出話來。

後來，主管才道出實情，原來他早就知道那個失誤不是孫周造成的，但公司的人事凍結了，無法讓孫周轉為正職，他無論如何都沒辦法留下來。既然如此，倒不如幫他介紹一個需要他的地方。

如今，五年過去了，孫周已經是那家公司的中階主管，很受上司的器重。上司還不止一次地跟別人講，一開始並不看好他，只是看在同學的面子。結果，他做得很不錯，而且特別穩健，從不抱怨，這個人看來是賭對了。

堂妹聽後，沉思良久，我猜她知道自己究竟該怎麼做了。

**職場並非一路兇險，只要你肯努力，做最棒的自己，職場終究不會辜負你的努力——即便你的學歷沒那麼高，專業沒那麼強，你也一樣可以憑藉自己的智慧和勤奮得到屬於自己的一切。**

# 當你足夠優秀，世界才會對你公平以待

曾有人質疑，說一個普通的上班族沒有雄厚的家世背景，根本無法在朝九晚五中來一場想走就走的旅行，那只能是一個夢。

遺憾的是，這個觀點很快就被我否定了。我只能說，你無法過上這樣的生活，歸根究柢是你沒有過人的能力。

在遇到JOJO前，我也曾堅信不疑地同意上述觀點，但在認識她之後，我才知道什麼叫眞正的瀟脫。

JOJO是我的一位客戶，準確地說，是前客戶，因爲她已經離開了那家公司。

和我合作的時候，她才三十歲出頭，傳聞她精通四門語言，還學過網頁製作，兼職做過網站。她工作過的第一家公司，至今還沿用著她當時創立的一套系統，但她的主要專業卻是行銷。

起初我不信天下能有這樣的全才，覺得此人不過是深諳行銷技巧，手段高明一些，連同自己也一併推銷了出去。然而，那年她跟著團隊到我們公司做例行考察，讓我得以有幸見到廬山眞面目。

JOJO長了一張比實際年齡小很多的面孔，沒有電視劇裡職場精英經常穿的那身套裝，而是棉麻質地的休閒衣衫，腳下是一雙白色帆布鞋，看起來年輕又充滿活力。

她的老闆是個道地的法國人，只會說一點英語，她此次前來身兼翻譯和考察的工作，可謂責任重大。

短暫的休息時間，她的法國老闆出去了，我在會議室裡和她聊了起來。我說：「聽說妳會四門語言，除了英語、法語和中文，剩下那門語言是什麼？」

JOJO一笑，跟我說是方言。我一愣，竟也跟著笑起來。JOJO的思維很活躍，整個人也很外向。她總能問到我們從來不會想到的問題，這一點我在接下來的會議中深有體會。

會後，就幾點比較重要的問題我又和她商討了一番，有些她無法做決定的，她就請示老闆。我聽著她用嫺熟的法語跟老闆溝通，驚訝她對專業術語竟然也能駕馭得了——這一次，我也不糾結JOJO剩下的那一門語言究竟是不是方言，對她的傳聞我算是眞的信了。

之後的兩天，他們的日程都是由我來負責，於是我便有了大把的時間和JOJO溝通。她說她最大的愛好就是旅行，而且她的夢想就是走遍世界每一個角落。

我當時也附和著說這也是我的想法，只可惜自己是個上班族，一年只有幾天的年假，有時忙起來都顧不上休年假，根本就沒時間出去旅遊。最關鍵的是，我也沒有錢肆無忌憚地全世界亂跑。

JOJO笑了笑，拿出她的手機來，一張張照片裡的地方我全沒見過。她一張張地跟我說每一個地方的故事，每一個角落的特色，講她在那裡發生的事，還有她認識的有趣的人。

她指著一處風景秀麗的地方告訴我，因爲她貪戀那裡的景色，就在附近的一個酒館做了一個月的服務員，但賺到的錢只夠交通費。隨後，她又翻出一張照片，那是一個荒涼但視野開闊的地方。她告訴我，那裡很窮，但資源很豐富，她在那裡遇到沒人顧的流浪小孩，他幫她指了路，她則把身上的現金都給了他。

她跟我講的好像是紀錄片一樣，一幕幕地從我眼前展開來。我不驚訝這些城市的美，驚訝的是她這麼年輕，竟然就已經走過那麼多地方。

我很詫異她是怎麼做到的。JOJO說：「這沒什麼好驚奇的，我只是把想做的付諸實踐了而已。」

後來我才知道，JOJO利用業餘時間學習了法語和英語，當時學習網頁製作就是爲了賺外快。對她而言，工作是爲環遊世界這個夢想服務的——她不會爲任何一家公司工作超過三年，存夠錢後，她就會在地球儀上選一處地方，然後去旅遊。

其實，早在大學時她就開始利用兼職賺錢，四年下來，她幾乎走遍了國內她想去的每一個地方。工作之後，她才開始環球旅行。

除了學習網頁製作，她還利用業餘時間學習投資理財。因此，她的錢不只是用來旅行，還有一部分在做各種投資，只有最少的一部分存在銀行。

她在國外旅行的時候也會在當地工作，有時賺得多，有時賺得少。但只有這樣，她才可以眞正瞭解這座城市，這也是她旅行的根本目的所在。

一年前，JOJO離開了那家公司。據說，臨走之前，她的法國老闆曾一再挽

Point

無能力的人被平臺選擇，
有能力的人選擇平臺。

留，但沒辦法，她的心早已飛到尼泊爾了。

我很羨慕瀟灑的JOJO，她沒有雄厚的家世背景，但她憑藉自己的努力過上了很多人夢寐以求的生活。

有句話說得好，無能力的人被平臺選擇，有能力的人選擇平臺。

抱怨人生的人都是無能的，很多事並不是你做不了，而是你沒有去做。去做了和做到什麼程度又是天壤之別：追求極致的人總是能把事做得十分漂亮；自認爲做到差不多就可以的人通常只能是完成，不能算做好。

要想成爲金字塔頂端上的人，勢必要比別人多付出幾倍甚至幾十倍的努力，要犧牲自己的業餘時間、睡眠時間。所謂用心，就是如此。這就好比，一開始你的朋友可能很多，但最後剩下的，只能是你用心交往的、可以跟你走一輩子的摯友。

捨得，有捨才有得。

既然你不想犧牲業餘時間去做更有意義的事，就別抱怨為什麼別人賺得比你多；既然你從來都繞過困難，就別抱怨為什麼別人的生活總是一帆風順；既然你是一個被選擇的人，就沒有選擇的權利，怎麼可能說走就走。

你的顧慮很多，擔心自己的工作和保險，擔心自己的積蓄不夠……你之所以擔心那麼多，根本原因就是能力不足。

不要給自己設限，也不要總是對自己想做的事說「不」。相反的，你要有勇氣地說：「我可以！」

因爲只要你肯做，就沒有做不到的事。

人生顧問0350

# 別讓無效努力害了你——請停止無效的低水準重複，別讓你只是看起來很努力！

作　　者—瓊華
主　　編—林菁菁、林潔欣
編　　輯—黃凱怡
企劃主任—葉蘭芳
美術設計—李宜芝

發 行 人—趙政岷
出 版 者—時報文化出版企業股份有限公司
10803台北市和平西路三段二四〇號三樓
發行專線／（02）2306-6842
讀者服務專線／0800-231-705、（02）2304-7103
讀者服務傳真／（02）2304-6858
郵撥／1934-4724時報文化出版公司
信箱／台北郵政79～99信箱
時報悅讀網—http://www.readingtimes.com.tw
法律顧問—理律法律事務所 陳長文律師、李念祖律師
印刷—盈昌印刷有限公司
初版一刷—二〇一九年一月二十五日
定價—新台幣三三〇元
（缺頁或破損的書，請寄回更換）

時報文化出版公司成立於一九七五年，
並於一九九九年股票上櫃公開發行，於二〇〇八年脫離中時集團非屬旺中，
以「尊重智慧與創意的文化事業」為信念。

別讓無效努力害了你 / 瓊華著. -- 初版. -- 臺北市：時報文化, 2019.01
面；　公分

ISBN 978-957-13-7645-5(平裝)

1.成功法　2.自我實現

177.2　　107021605

本書繁體字版由文匯出版社授權時報文化出版企業股份有限公司出版

ISBN 978-957-13-7645-5

Printed in Taiwan